犀の角のようにただ独り歩め

——「スッタニパータ」

しなやかに心をつよくする音楽家の27の方法

晶文社

デザイン　ASYL（佐藤直樹＋徳永明子）

はじめに

私が生まれて初めて「仕事」として音楽作りの依頼を受けたのは1986年、21歳の秋でした。それからかれこれ27年経ったことになります。その間、多くの仲間や先輩・後輩、さまざまなプレーヤーたちを見て「大切だなぁ」と思うことに「心のつよさ」があります。

例えば、練習やリハーサルでは素晴らしい演奏をするのに、本番だとどうしてもあがってしまうという人がいます。あがり症、横文字では「ステージ・フライト」といいますが、この克服は音楽家として仕事する上で一番必要とされる「力」の一つです。

音楽家にかかってくるプレッシャーは一回一回の本番だけではありません。次々に入ってくるスケジュール、膨大な準備や練習が必要不可欠ですし、基礎体力が不十分な若い時期には一度ならずパンク状態を経験する音楽家が多いと思います。私もまた、そうでした。でも、仮にどんな状態であっても、その日の演奏を聴いてくださる方には、当日そこで作られる音楽がすべてです。舞台裏のいろいろはおくびにも出さず、しなやかに心をつよくすること。あらゆるプロのミュージシャンに求められるベースです。

友達のドイツ人オペラ歌手、クラウス・フローリアン・フォークトは世界的に活躍するトップ・テノールですが、毎日のランニングを欠かさないと言います。彼はドイツの名門バイロイト祝祭劇場や日本の新国立劇場でも「ローエングリン」の素晴らしい歌声を聴かせてくれますが、東京滞在中は代々木公園を短くても30〜40分、長いときは2時間ほども走るそうです。これには、もちろん体力増強といった意味もあると思いますが、一番大きいのは「メンタルのコントロール」と言っていました。オペラのリハーサルには長い「待ち時間」がありますが、彼は昼休みなど、裏方の若者とサッカーを楽しむことが多いとのこと。これも実は、体を動かしながら心をコントロールする意味があるようです。

オペラ歌手というのは大変にデリケートな仕事です。鼻かぜ一つひいても、歌うことができなくなってしまいます。大きな劇場で主役を張るトップソリストが、自分の仕事に悪いプレッシャーを感じ始めたら、どれだけ煩悶してもキリがありません。これは器楽奏者でも指揮者でも基本的には同じです。

この本では、こうした音楽家の「しなやかでしたたかな知恵」に端を発して、さまざまな局面で力を発揮する「心を強くする方法」をご紹介します。皆さんの日常で、こうしたノウハウが生きることがあれば、存外の喜びです。

伊東乾

しなやかに心をつよくする音楽家の27の方法　目次

第二楽章　ゆっくりと
——頭がよくなりたかったら、まずバカになってみる

第三楽章　ヴァリエーション
——素敵なバカの五段活用

1　序奏――積極的失敗のすすめ

音楽家が本番のステージに立つときに抱く最大の懸念は「失敗したらどうしよう？」という心配です。さてしかし、どうしたらそういう雑念をふり払うことができるでしょうか？

もちろん絶対の正解はないのですが、可能な一つとして「先にたくさん失敗しておく」というオーソドックスな対策があります。

つまり、本番以前にいっぱい失敗しておけば、失敗自体に慣れますから、もし本番で失敗し始めても、傷が浅いうちに修復することができるというわけです。要するに、難しい部分はたくさん練習しましょう、という当たり前のことですね。

ここでさらに踏み込んで「失敗したらどうしよう」ではなく「必ず失敗は起きる」と覚悟を決めるのが、実は一番「心を強くする」うえでとても役に立ちます。

つまり「失敗」は随時あるもので避けがたい。問題は、その、いつでも起き得る失敗に、どう「しなやかに」また「したたかに」向き合って、それをすり抜けてゆけるかだと思い分けるのです。

サッカーやバスケットボールで攻撃側、オフェンスの立場に立つとしましょう。守備側つまり敵のディフェンスが必ずやってきます。「敵が来たらどうしよう……」などとあがっていたら勝てるゲームも勝てません。

あらゆるとき、あらゆる場所に予想外の攻撃や段取りとの食い違い、小さな失敗は起きて当たり前で、それらをどうエレガントにかわしてゆくか、そう気持ちを置き換えてみるだけで、本番に向かう心の持ちようはまったく変わってしまいます。

大学で教えて分かったこと

音楽生活の傍ら、私は1999年から一般の大学でも学生を教えています。初めは慶応義塾大学、次いで東京大学の教壇から学生たちの生態を見ていますが、並行して教えてきた東京芸術大学の学生たちや、音楽現場で一緒になる若いミュージシャンたちと、一般大学の大半の学生との間に、大きく異なる感じ方＝「メンタリティ」を感じます。

一言で言うと「失敗に弱い」んですね、一般の学生たちのほうが。

とくに子供の頃から優等生で通してきた（らしい）青年たちは、強く「失敗」を嫌う傾向があります。あらかじめ解っている「正解」をなぞることで安心する学生が少なくありません。

特に進路が左右されるような試験では「授業で模範解答を細かく解説した内容の類題以外は出題してはいけない、そうでなければ教授の怠慢だ」なんて真剣に主張してくる学生もありました。

こういう学生たちに共通する特徴は大変な「ビビリ」だということ、つまりステージに立つ本番などにはまったく向かないチキン・ハートです。

しかし、学校というのはいつから「失敗してはいけないところ」になったのでしょう？

私の考えは大きく違います。少なくとも大学レベル以降の「勉強」には模範解答などというものはありません。そんなものがあってたまるか、と思います。だって、最初から模範解答があるような確立された分野をなぞるだけなら、新たな成果、例えばノーベル賞を得るような業績など、生まれてくるわけがないのだから。

これは学問でも芸術でもまったく同じ事で、他人の二番煎じのようなことしか出来なければ二流の烙印を捺されてしまいます。

旧制と新制、大学生さまざま

かつて戦前の旧制高校や旧制大学では、授業は出席など取らず、まったく出席しない学生も珍しくありませんでした。で半期に一度の試験では「ナニナニについて論ぜよ」とか「ナニナニについて知るところを述べよ」といった一行だけの出題、「大問題」だけが提示されました。

これに答える側の学生は、持ち込みなんか一切ないわけですが白い解答用紙に、

「序論……

第一章第一節…………

第二節…………」

と、まるでそのまま書籍として出版出来るような答案を真っ黒に書いて提出が当たり前だったらしい（というのは、大正生まれで旧制で学んだ親から聞いた話ですが）。つまるところ、学生もなかなか大人だった。昔の大学にはなかなか「本番度胸」の据わった猛者がいた様です。で、これを採点する教師のほうも、また大人の目線で厳しくそれを採点、やりとりは遥かにハイレベルだったというのは、やはり旧制時代から教鞭を執っておられた刑法の團藤重光《だんどうしげみつ》先生から伺ったお話です。

さて、21世紀の現在はどうでしょうか……こんな出題をしては、まったく試験にも採点にもならないのです。

学生は「……について論ぜよ」なんて大問を与えても、そもそも何を答えてよいか解らない。大半が白紙で返ってくる答案の中に、知っている事について五月雨式に書き込んであるものが時折混ざる程度です。

でもどうなんでしょう？ どんな分野でもいい、社会に出て現実の問題に直面したら「小問1 ……」「小問2 ……」なんて、マニュアルみたいな対応で何とかなる仕事なんて、

限られると思うのですが……たくましい「地頭《じあたま》」の子の数が教室内に減っている気がして、とても寂しく思うのです。何にでも興味をもって、旺盛に悪食でバリバリかじってゆくような元気が、少なくとも最近の大学の教室では、以前より見られなくなっている、そんな傾向が着実に進んでいるように思われてなりません。で、その理由は子供たちが大学に入ってくる以前の学校、あるいは生活環境の中にあるような気がするのです。

子供の好奇心はどこへ行った?

元来、子供というのは好奇心のカタマリのようなものです。何でもやってみよう、面白そうなものはチャレンジしてみよう、あるいは「知らない街を歩いてみたい」でも何でもいい、外に出てゆこうとするのが若さの特権だと思います。

ところがどうしたことか、小学校低学年であればどんな対象にも眼をキラキラと輝かせていたかもしれない子が、中学高校と進んで大学に入るころには、特定の対象以外に興味を持たない、あるいは学校で習う教科全般、正解とされるものを表面的に記憶して、それを解答用紙に書き込んでマルがつく、そんな条件反射に馴らされた、パブロフの犬のような状態になってしまっていたりするんですね。

いったい、世界のすべてが新鮮に見えた、子供の頃のあのまなざし、好奇心に満ちたひとみはどこに消えてしまったのでしょう?

……いや、希望は捨てるべきではないと思うのです。同じ子が、ゲームとか、秋葉原の町の中では、キラキラとしたまなざしを今でも輝かせているかもしれません。音楽も、学校で強制されるのはいやだけれど、自分で興味を持って始めた友達同士のバンドなどでは生き生き演奏しているかもしれない。そういう局面と学校とでTPOが違う、そこに先入観が生まれている。そう考えるべきだと思います。

たぶん、勉強というとたんに目の輝きが失われる傾向は、古くから学校とか受験という制度が作り出した、大いなる錯覚なのでしょう。

実際に社会に出れば、正解のある問題なんてめったにお目にかからない。仕事でやってくるあらゆる案件には模範解答など存在しない。本来ならその場で解決策を考え、現場を乗り切ってゆく必要があります。それと同じことを、本当は学校というファームでも経験してもらいたい。

ところが、学生時代にそういう経験、言ってみれば柔道の受身のような「転ぶ練習」をしてこなかった人が決して少なくないのです、特に優等生の中には。

何か「正解」に代わるものはないか……と探す目線の先に「前例」とか「先例」とか、いまの日本の社会を動かなくする元凶、会社や役場が煮詰まる要素がぶら下がり、「先例尊重」「前例重視」といった、しばしば見かける慣習が重宝される気がしてなりません。これはもう、二番煎じの純粋培養みたいなもので、それだけなら何のクリエイティヴィティもありません。

2011年3月11日の東日本大震災、福島第一原発事故以降の復興では、この「前例」がないことで多くの硬直したシステムが動かないと聞きます。実際、いろいろな用件で役所に問い合わせをすると、かなりの確率でこの「前例」が引き合いに出されてきます。

目の前で本来解決すべき、復興や防災の具体的な内容があるはずです。ところが、現状と必ずしも直結しなくても「前例」がないからダメ、あるいは「先例」があるから何とかなるでしょう、なんて反応がある。これってどうなんでしょう?……私はおかしいと思います。

注意したいのは、この「先例がある／ない」という区別が、防災や復興の実際の仕事、その本質と何の関係もないという事実です。つまり本質をつかんでいない。

実際に求められるのは、現場に足を運び、実際を見、解決策を考えることでしょう。何分、予測不可能だった未曾有の事態です。机の上に模範解答など絶対に存在しません。ある策をとれば、そこでうまくいく面と、かならずしもうまくゆかない面の双方があるでしょう。

音楽実技の教官として大学の教壇から学生たちを見る限り、先ほど触れたような背景が想起されてなりません。だから学生たちには、こんなことを強調するのです。

「あらかじめ約束された正解をなぞること……これくらい非生産的で人生を無駄にすることはない。予定調和は厳密に避けなければ、何一つ意味のある仕事は出来ない」

これは10代半ばから私自身が徹底して教えられてきたことに他なりません。でも、こんな言葉を学生たちがどのように聞いているのか、聞き流しているのか……どうも本質的な価値観の問題があるような気もするのです。

亜流に甘んじる芸術は生命を失う

むろん、医学のように、成功事例を正確に踏襲することが強く求められる分野も少なくありません。でも、そういう分野でも当意即妙の細やかな心配り、神経を張り巡らした対応は必要不可欠と思います。

こと芸術に関しては、前例を形で踏襲するだけ、という振る舞いには殆ど意味がありません。

15歳から42歳まで僕が師事した松村禎三《ていぞう》という作曲家は、旧制高校の学生がそのまま戦後を生きたような人でした。

松村禎三は旧制第三高等学校（現在の京都大学教養部）を卒業後、東京音楽学校（現在の東京芸術大学）に合格したのですが、健康診断の時点で重度の肺結核が判明、そのまま7年間療養所で生死の間をさまよい、20代後半で社会復帰して、遅い音楽家としてのスタートを切りました。

彼は名実ともに旧制高校生のままのような人だったと思います。私が師事しはじめた中学生時分から、当時すでに50歳を回った年配の松村は、高校の先輩のように一切の値引きがありませんでした。

実は当時、松村は東京芸術大学作曲第一講座の教授だったのですが、レッスンの実際は旧制高校の寮でのやりとりみたいな観がありました。例えば最初に言われたひとつが、

「伊福部《いふくべ》昭『管弦楽法』をすべて理解・記憶して血肉にしなさい」

という課題でしたが、この本は優に厚さが10センチはある辞書のような大著で、それを子供に「マスターしろ」といっておしまい。大問も大問、大変な話です。で、

「俺も、結核療養所の回復期に同じ事をしたから、やってみなさい」

こんな風に言われてしまうと、これはもう致し方ありません。いまの学生にこんな課題を「強要」した日には、アカデミック・ハラスメント扱いされかねないかもしれません。でも、ミドルティーンだった私は馬鹿正直でした。どちらかというと反抗的で、すぐに口答えをする子供の頃の私でしたが、生意気を言う分、やることはやってないと話にならないですので、無茶な特訓を自分で工夫してめちゃくちゃなペースでやったように思います。

毎日登校下校の電車の中で、合計千ページ余のテキストを毎日毎日読み返しました。譜例はすべてピアノで弾き、一点の曇りもないところまで血肉化する、などなど。出来る事はなんでもやりました……で、あの頃のむちゃくちゃがあったから、今の自分があると思うのです。

「優等生の満点」は本質的に0点

人となりを作る10代という時期に、一冊の辞書にも相当する分量、専門の基本を叩き込まれるというのは、やってる最中は死にそうでしたけれど、体に入ったあとは本当にありがたいものです。

今でも、指揮台の上から、オーケストラのすべての楽器について、問題があればその個別の生理に即して即断即決、ソラで解決策を見出してゆきますが、これは松村先生が「強要」してくれなかったら、身につくわけがない基礎によるものです。

これ、間違いなく中学高校時代のむちゃくちゃな「課題」と「特訓」の賜物ですが、いまこんな課題を出しても、いったいどれくらいの数、ついてきてくれる学生がいる事でしょう?

もちろん、オリンピックを目指すアスリートなどで、こういう無茶なチャレンジが今でも通用する世界があると思います。でも、一般の学校ではどうでしょう?

松村は15、6歳の僕を摑まえて「作曲するのに何一つ欠けてもダメだ」などと怖いことを言い続けました。それはもう、殆ど強迫観念のようになって、10代後半の5年ほど、寝ている間も含めて一瞬も意識の底で途切れることはありませんでした。

ハーモニー（和声）や作曲課題のレッスンは特に凄まじいものでした。音大・芸大の入学試験には「和声」ハーモニーを作る課題や「フーガ」などを作曲する課題が出題されます。そうした課題は下見の若い先生にも見て貰っていたのですが、松村先生のレッスンは、しばしば下見の先生と正反対のものだったのです。

受験の採点で言えば、ハーモニーの課題では「禁則」を犯すと減点になります。で、それを回避するように解くのが合格を目指す上での「必勝法」です。下見の先生は殆ど機械的に禁則を見つけてはチェック。で、それでおしまいというレッスンでした。

ところが松村は違ったんですね。

「100点満点の100点なんてものは、芸術では0点だ。予定調和に甘んじるというのは芸術家として死を意味する。おまえは恥ずかしくないのか！」

こんなことを言うんですね。つまり、模範解答のような100点の答案を「お前は芸術家として最低だ」と面罵する。それも、殆ど人格を否定しそうな勢いでやられるので、ティーンエイジャーのこちらとしては、たまったものではありません。が、悔しいですから、それこそ死に物狂いというか、殆ど命がけで次の課題に「100点以上のものを作る」べく挑むわけです。

松村はこんな事も言いました。

「禁則というのは、響きが際立つから禁じられるんだから、その響きがどうしても必要だと思ったら使うという判断を下すのも作家というものだ」

禁則だから禁止、というのは芸術家としてあってはならない思考停止だ、と松村は言います。

「自分の耳で判断しなさい。勘がきちんと働いていない、恥ずかしい汚い響きを決して書くな。自分の耳で納得が行くものを書くのがエクリチュール（フランス語で「（音楽）書法」の意味）という事だ」

形式的に禁則の有無で採点する若い下見の先生の流儀は、松村のレッスンでは全面否定されてしまうのです。

この「模範解答どおりで100点」は「現実には0点」という視点の転換は、思春期の私にとっては人生を決めるものになったように思います。

「放し飼い」の流儀、自由の作法

自分のティーンの頃の話を引き合いに、今の若い人の問題を考えるというのは、おじさんのやってはいけない事の典型のようにも思うのですが、あえてその観点から考えてみます。

ルールをルールとして形で教えるのではなく、その理由を一つ一つ感じ考えさせること。

松村が私に叩き込んでくれたのは、「禁則です」と言われて「はい、そうですか、わかりました。やりません」というのは、頭も耳も使っていないという意味で最低最悪、ゼロだ、という本質でした。

で、振り返って思うのですが、これ、学校の勉強でも同じなんですね。

小中学校、あるいは高等学校の教育現場には自分自身携わっていないので、不用意なことは言えないですが、せめて大学以降については、もっと「放し飼い」の流儀を教えたらよいのではないかと思うのです。

つまり学生自身の自由と自律の裁量を多く持たせてやること、そこで、必要に応じて失敗も経験しながら、文字で書かれた「禁則」を鵜呑みにするのでなく、転んでも怪我をしない範囲で「失敗経験」をさせてやること。

それこそが、実は若い人が社会に出る以前、学校というファームの中で経験しておくべき、一番大切なものなのではないか？　そんなふうに思うのです。

だから、どんな場所でも、特に若い人にははっきりこう言うことにしているのです。

何でもやってみよう、出来る範囲のこと、危険や怪我、ほかの人に迷惑をかけるような事がない限り、一定のリスクを自分自身で負ってジャンプしてごらん、と。

実際に自分の足で跳んでみれば、二つの結果のどちらかが得られる。成功するか、それ以外か。

仮に成功すれば、それは何よりだ。固有の経験は君自身の宝になる。

でも、失敗すれば、それはもっと目出度いことだ。

失敗や修羅場の経験ほど人間を確実に大きく成長させるものはない。逆に失敗を恐れて、黙ってうずくまっていても、一日、一週間、一年は確実に過ぎてゆき、そのうち一生の季節が少しずつ進んで行くだろう、と。

たくさん転ぶ経験をすれば、それを通じて、転ばぬ先に鮮やかなステップが踏める大人になれる。逆に鍛錬や失敗の経験なしに、何かに長じる人はいない。

だから繰り返し強調するのです。もっと転べ、転べ転べ転べ転べ転べ転べ。

もっともっと失敗しろ。取り返しのつく範囲内なら、どれだけ失敗してもすべては身につき宝物になるのだから。ともかく失敗しろ。失敗しつづけろ。で、失敗の上に失敗を重ねて、そこでしたたかな足さばきを身につければ、少しは気の利いた大人になれるだろう。

気持ちのよい大人になるといい。失うものなんて、密室の想像と違って殆ど何もないから。だから、何でもやってみればいいんだ。そこで予定調和や他人の真似、二番煎じでない自分自身を摑んだり、摑み損ねて転んだりすればいい。

たぶん一般の学校ではほとんど、こんなことは教えていないでしょう。でも、こと音楽家の観点からは、こうした転ぶ経験、修羅場を潜り抜けることはタフなミュージシャンを育てる一番の王道でもあります。

第一楽章　快活に！
――「のため病」をやっつけよう

2　惚れ込む力は偉大な才能

これは前々から密かに思っていたことなのですが「のため」というのが世の中を悪くしていると思うのです。念のため「のだめ」ではなく「のため」が諸悪の根源になっている。


「どうして勉強するの？」

「志望大学合格〈のため〉に」

「なんで大学なんか進学するの？」

「いい就職〈のため〉に」


……なんて具合に出てくる〈のため〉が、日本を悪くしているような気がしてならないのです。

大学は何をする所？

例えば「いい就職〈のため〉」に大学に来る人を考えてみましょう。彼あるいは彼女にとっては、大学は就職〈のため〉の道具であるのがメイン、あとはサークル活動など、エンジョイできるものがあればよく、それ以外に「目的」はあまりないかもしれない。

で、翻って大学側の観点に立つなら、大学も学生にはいくつか用事があります。例えば講義や演習などカリキュラムを提供しますし、勉強もしてもらわねばなりません。学期末には試験なども行い、単位発給してしっかり何かを学んでもらいたいわけですが……実のところ、大学で「勉強する」ということを、学生も、また社会も、日本では主たる目的として位置づけていないことが多い……。

むろん例外もあります。例えば医学部がそうです。医学部の卒業生には医師国家試験に合格してもらわねばなりませんし、医学のカリキュラムをみっちり教えることになっています。でもこうしたものが制度化されているのは、医学部とか獣医学部とか、限られた専門だけだと思うんですね。

例えば法学部は法律を教える建前になっていますが、日本社会のどこに行っても「法学部を出ました」という若者を「では法律のエキスパートですね」とは認識しない。医学部はそうではありませんね。

「僕、医学部を出ました」

「国家試験は？」

「いま受験しています」

　というと、近い将来お医者さんになる、専門家の卵だと社会は受け取ります。ところが他の学部だと、就職の面接などでも、

「僕、法学部を出ました」

「あ、そう。で、大学でサークルとか何やってたの？」

　てなものであって、仮に法律の場合、社会がエキスパートとして認めるとしたら、

「私、司法試験に合格しました」

「ということは司法修習生なんですね？」

「はい。あと半年研修があります」

なんて人がプロだと認識される。大まかにいって、いま日本社会で大学の文系学部を出た、という人を、その道のプロと思う社会の土壌が存在していない。

学生も大半が「プロになるんだ」という意識で専門に進まないし、親だってそんなことは全く考えていない。送り出す側の大学も教員職員そろって就職は考えても専門は後手ですし、その就職で受け入れる企業なども、学部の専門を学生の専門能力とは全くみなしていない。そういう空洞化現象が起きているわけです。

だとすると、いったい大学は何をするための場所なのか？　大学自体の固有の意味や価値が、わけがわからなくなってしまっても、何も不思議ではありません。だって学生にとって大学自体には目的がないのだから……ここに「のため病」に罹患する大きな罠が存在しているわけです。

目的不在の「〈のため〉の連鎖」

いま大学を例にとってお話ししましたが、同じことが現在の日本では、一人の子供が生まれてから社会に出るまで、あるいは社会に出てから先も一貫して続いている可能性、あるいは危険性があると思うのです。

「なぜお受験なんかするの？」

「いい小学校合格〈のため〉」

「なぜ『いい小学校』じゃなきゃいけないの？」

「いい中学、高校合格〈のため〉」

「どうして『いい中学・高校』？」

「いい大学合格〈のため〉」


ここで重要なのは「いい大学に〈入学〉したいんじゃないんですね。あくまで重要なのは〈合格〉なんです。そこで何を学ぶかは大して問題ではない。

ここは本来、大学教授であれば「大学をバカにするのもいい加減にしなさい」と声を大にして言わねばならない所です。だって、入試にさえ合格していれば、あとは大学で何を勉強していようが関係ないと言われているわけなのだから。

でも、そんな風に言われても、返す言葉がないような大学であれば、本来するべき反論も出来なくなってしまうかもしれない。

斯くして大学もまた「のため」連鎖のワンピースに成り下がってしまうと、

「どうしていい大学に合格したいの？」

「いい会社就職〈のため〉」

「どうして『いい会社』?」

「そんなの当たり前ジャン。バカじゃない?」

「まあそういわずに、どうして?」

「……いい給料〈のため〉。体面だっていいし」

「どうしていい給料や体面がいいのがいいの」

「そんなの当たり前でしょう? いい加減にしてよ」

「まあ、まあそういわずに。どうして給料が高いほうがいいの? 世間体?」

「……理想の結婚〈のため〉。いい暮らし〈のため〉」


と、この連鎖は下手すると終わることがなさそうにも見えます。


「なんでいい暮らしなんかしたいの?」

「そんな質問、おかしいんじゃない? 誰だっていい暮らしがしたいに決まってるじゃん」

「そうかなぁ……僕なんかは、暮らしなんてソコソコでよいから、自由な時間があるとか、自分も家族も健康だとか、もっと大切なことがたくさんあるけれど」

「…………」

なんて具合で「のため」を言う人には、実は実体がないんですね。それ自体に価値や目的がある「それ自体のため」がないと、実はいつまでたっても本当の充足がない。実はいま日本社会が陥っている慢性的な欲求不満状態の根本原因のひとつは、この「のため病」にあるのではないか、と私は思っているのです。

「のため病」と「五月病」

ではどうしたら「のため病」を克服することができるのか？　答えは「ほかのもののため」ではなく「それ自体」に目的や満足があること、ではないでしょうか。少なくとも私はそんな風に思っています。でもここには大変に注意を要するポイントがあります。例えば、

「どうしていい高校に入りたいの？」

「東大に合格したいから」

という人がいます。こういう人がいたら、私たち東大教官にとっては最も要注意の志願者

なんですね。というのも、彼、彼女の「目的」は「東大に〈合格〉」することで、入ってしまうとその究極目的が達せられてしまって、あとは伸びきったゴムみたいになって、なーんもやる気がしないというのが出てくる。これが困るのです。世の中で「五月病」と呼ばれる部類です。最近は減りましたが、それでも毎年一定数、必ず存在します。

この「五月病」タイプ、「のため病」の欲求不満とは違いますが、やはりかなり悲惨で不幸です。東大は合格した。もう勉強なんかやりたくない、と昼になってもずっと寝巻きのまま、時折マージャンなどするけれど、それ以外何もやりたくない……という半ウツのような人も、私自身学生時代からけっこうな数、目にしてきました。

大学合格ではなく企業に入った直後にコレにかかる人もいるようです。入社したはいいけれど、実はその仕事がしたい、とかではぜんぜんない。親もうるさいし、ともかく入りはしたけれど、全くやる気にならない、と2ヵ月ほどで辞めてしまう、というケースも一つならず身近で目にしました。

では、「のため病」でもなく、また「五月病」でもない、もっと健康で生き生きとやる気に満ち、適度に満足も感じながら先に進んでいける心のあり方って、どんなものなのでしょうか？

ここで音楽家の知恵が大きなヒントを提供します。音楽家、とくにソリストは、自分がきちんと正面から取り組む作品を、決して「〇〇のための手段」などとは考えません。というか、そんな浅い魂胆で楽譜に向き合っていても、ちっとも音楽が体の中に入ってこないし、人を感動させる表現など自分の中から出てこないから。

音楽家のメンタルで言えば「音楽以外の何ものも目的にしない」というのが大事なところです。例えば音大入試とか、オーディションとか、コンクールとか、音楽生活の中には音楽以外にさまざまな要素があります。

いや、もちろんコンクールとかオーディションといったものは、その時々の励みにはなります。短距離走としては目標にもなるでしょう。僕自身若い頃多くのコンクールにチャレンジし、そこで取ったタイトルがその後の音楽生活を助けてくれたことも間違いありません。でもこれらすべて、決して目的ではなく、新たな音楽生活がそこから開けてゆくものです。

学校に合格した、よかった、ではない。そこから先にどう自分の音楽を伸ばすかが唯一最大の問題です。合格した時点で伸びきったゴムになってしまっては、その先の人生で音楽と豊かな関係を育ててゆけるか心配です。逆なんですね。音楽そのものに目標を持つこと。これこそが、ミュージシャンの心を生涯にわたって強く支えてくれる力になるのです。

「高校受験はいい大学に入るため、大学受験はいい会社に就職するため、いい会社に就職するのは……」と、目的の無限先送りが続き、その実まったく満たされることがない、という「内実の喪失」。これと違うようでいて、実は大変よく似ているのが「五月病」つまり大学受験に血道を上げ、合格したはいいけれど、5月ごろになると目標を喪失して何もやる気が出ない伸びきったゴムみたいになってしまう学生の症状です。実はこうした現象は、明治大正時代から知られていたようです。

「銀時計」と五月病

明治大正時代の東京帝国大学には「恩賜の銀時計」という制度がありました。あまりに弊害が多いので廃止されてしまったのですが、これはもう典型的な「のため病＋五月病」の共通病根を示しているので、ちょっとご紹介してみます。

かつて日本の官学では、成績優秀者に天皇から「恩賜の銀時計」が授けられていました。陸軍士官学校、学習院、東大などで早い話が、各学部を「首席級」で卒業したものに銀時計が下賜《かし》される。夏目漱石の『虞美人草』にも「銀時計組」の登場人物が出てきます。銀時計OBは陸軍幹部、東大教授職、大蔵高官などその後一生にわたって「国家のエリート」としての椅子が約束されるような空気があった……らしい。

これ、最初は軍隊の学校が起源だったらしく、東京帝国大学では「20世紀の新しい目標」とでも思われたのでしょうか、1899（明治32）年からこの制度が開始され、合計で323人が銀時計をもらっているそうですが……早くも1918（大正7）年には廃止されてしまいます。

歴史の流れで見るならば、日清戦争に勝ち、新たな20世紀という時代、強国として乗り切ってゆこうという後発先進国「日本」が「八幡製鉄所」稼動開始等と前後してエリートを育てようとした、その一環だったと思います。

実際に日英同盟、日露戦争、日韓併合といった明治末期の時期、そして第一次世界大戦が始まり、戦争後期にいたるまでの19年間、東大では銀時計が下賜され続けたわけですが……あまりに弊害のほうが大きいので廃止されてしまった。

これがどれくらい酷い弊害をもたらしたか？　いろいろ伝説が残っています。例えば、銀時計を得るべく苛烈な勉強をしすぎて死んでしまった大学生、卒業時、僅差で銀時計を逸し、この先ずっと一番にはなれないと悲観して自殺した者、銀時計組として社会に出た者が伸びきったゴムのようになってしまったり、あるいは鼻持ちならないエリート風を吹かせてロクでもなかったり……なんであれ「恩賜の銀時計」はマイナスのほうが大きかった。

本来は日本の未来を背負う若者に目標や意欲を湧かせるために作られたはずの「銀時計」でした。ですがかつての東大では19年で歴史を閉じてしまいます。ということは、第一期の人たちもたかだか40程度で、大した老境には入っていなかった筈なのですが……いずれにしても、こういう「エリート決定！」みたいな資格を若い時期に持ちすぎると、本当にコレはろくでもないことにしかならない。

ところが、銀時計ほどではないけれど、やはりそういう勘違いは現在でもあるんですね。

例えば東大合格なんていまだに雑誌に名前が載ったり、この種のタイプでちやほやされるわけで、それで勘違いする馬鹿者、もとい若者も結構いるように思います。

「好きになる技術」

例えばいま現在も、日本全国には、マンガ家やアニメーター、ゲーム作家の卵が無数にいますよね。子供たちは「やれ」と強制されなくても、好きなアニメのキャラクターの顔をノートの端に書いたりして……授業はちっとも聞いてなくても、こういうことは実に熱心で、日の表情にどう変化をつけたらキャラクターの微細な心理の変化を表現できるか、なんて、『ワンピース』でも『ハンターハンター』でもいい、一生懸命工夫して描いている……好きだから、ですよね。

銀時計を狙ったかつての秀才たちは、少なくとも自分の専門を好きにならなければ、本丸ごと一冊を肉体化する、なんて勉強法は出来なかったはずです。

アニメーターになりたいと本気で思っている子が、アニメの作り方の技術的な厚い本をさくさくマスターしてしまったりするのは、強い興味、好奇心、あえていえば「愛情」があるから出来ることで、対象に興味を持ち、主体的好奇心に基づいて縦横に議論を展開するから面白いし内容も豊かになる。そういうものです。ちなみに僕自身、10代で恩師から言われたのは、前述のように管弦楽法の分厚い教科書一冊を血肉化しろとか、好きな音楽作品300冊の総譜をすべて記憶する程度にマスターしろとか、そんなのばかりでした。

実はこれと共通する音楽家の心を強くする知恵があるのです。それは「自分が演奏する作品を愛すること」なんですね。簡単なようで実はこれは大変難しい。楽譜を渡されて、それをただ単に音にするだけ、というのは、ある意味簡単なことです。ところが、その作品を本当に好きになり、あるいは作品に深い尊敬の念を持って接する、敬愛の関係を作るというのはなかなか難しい。

特に興味も関心もない作品を、ただ単に「音だし」しているだけのミュージシャンは決して高い評価を得られません。翻って、誰もが目にする普通の作品、練習曲と思って小バカにするような人が多かった音楽を、究極の芸術として読み替えてしまう人が時折出てきます。

例えばスペインのチェリスト、パブロ・カザルス（1876〜1973）は、誰もが練習曲集と思っていたバッハの「無伴奏チェロ組曲」をチェロ最高の音楽の聖典に読み替えてしまいました。カナダのピアニスト、グレン・グールド（1932〜82）は、バッハの多くの鍵盤作品にピアノ音楽として新しい命を吹き込みました（ピアノという楽器が発達するのはバッハの死後数十年経って以降のことなのです。だから生前のバッハは、決して自作がピアノで演奏される光景をイメージすることはありませんでした）。

カザルスにしてもグールドにしても、長い音楽生活の最初から最後まで、一貫して創造的な取り組みを続けています。もちろん彼らなりのスランプなどはあったでしょう。ただ、本当に優れた作品と出会い、その中に磨かれぬ宝石を見出して、彼自身の表現として輝きを与える、そういう開かれた心と、たゆまぬ努力を支えるテクニック、言ってみれば「好きになる技術」を確かに持っていた。これは間違いないと思います。

音楽の古典作品をまるごとおなかに収め、それに新たな生命を与えて血管と神経を隅々まで張り巡らせる……一番の方法は好きになること、つまり「愛情の力」だと思います。あるいは「尊敬」といってもいいかもしれないし、単に「思い」というだけで十分かもしれない。いずれにしても、それなくしては音楽は決して新たな生命を獲得したりしません。

さて、21世紀の高校生や大学生にとって「古典一冊丸ごとマスター」式の勉強は、効率がよいとは限りません。しかし血となり肉となり、しっかりと身につけたものは、自転車こぎや水泳と同じく、一生涯使えます。

が、好きでもない対象を「でも受験に必要だから」「志望大学の入試科目に入っているので仕方なく」というような学生が増えてしまうと、小分けの出題をしないと白紙ばっか、という状態が生まれてくるんですね。

つまり「のため学習」が親切設計すぎる問題を流通させる元となり、さらにそれを「好きでもないのに丸暗記」するのに「黒板で例題を一つひとつ教師が板書して説明」しなきゃマスターできるわけがない、という温室栽培学生を生んでいると、15年ほど大学で教えてきて、つくづく思うわけです。

愛情のない関係……そんな形でかかわっても、大学でハッピーではないと思うんですね。いまは横並びで、あるいは学歴「のため」に、学術に興味も関心も愛情もない人が大量進学する時代になっていますが……。

興味のない「アニメのキャラクターの模写」なんて、必修でやらされたら面白くもなんともないですよね。でも必修で出ます、といわれたら、しかたなく塗り絵よろしくトレーシングペーパーで縁取りから勉強して……みたいな「解法のテクニック」が作られるかもしれません。

でも、それはアニメやマンガを描く王道でもなんでもない。マンガ家の夏目房之介さんに言わせればマンガの「線」は人だそうです。つまり、作者の人柄が絵の「線」に現れてしまう。それはトレースして学んだり得たりするようなものではない。

学問も芸術もそれはまったく同じで、チャート式で学んだつもりになるのも王道からすればまったくの勘違い、受験問題に出るような課題パターンで音楽を学んだと錯覚するのも残念なお話で、本当の豊かさにはほとんど近づかないものでしかない。「お金のため」「ポジションのため」「世間体のため」……すべて愛情のない「のため婚」みたいなものが、世界を色あせたつまらないものにしているように思います。

3 「終わりなき独学者」になる

「なぜ受験勉強するの？」

「いい大学の合格のため」

「なぜいい大学に入らなきゃいけないの？」

「いい会社に就職のため」


……という「のため」の（見た目上の）無限連鎖。これを法学部とか医学部などのケースで考えてきたわけですが、これを直接音楽の例で考えてみると、この「病」の悪性度がさらに際立って見えてきます。


「なぜ受験の勉強をするの？」

「音大合格のため」


……なるほど、そういう話はありそうです。

「ではなぜ、音大に入らなきゃいけないの？」

「ピアニストになるため」「ヴァイオリニストになるため」

……いろいろ「のため」の解答が出てきそうなんですが、これ本当でしょうか？

バッハ、モーツァルト、ベートーヴェン、パガニーニ、リスト、ヴァーグナー、ブラームス……突然、西洋の大音楽家の名を並べましたが、この人たちに共通することが一つあります。国籍も時代も違いますが、一つだけ共通するのは……「音大」を出てはいないんですね。というより、この人たちの時代、音大なんてものがそもそも存在していなかった。音楽の鍛錬はもっと家伝・口伝・口承伝統的で、その分学校で単位さえとればいいようなごまかしは存在せず、終わりのない修練で大変な時代でもあったわけです。

「そんな、音大のなかった昔の話をしても仕方ないよ。時代が下れば誰でも専門の学校で学ばなきゃ、プロにはなれないんだから……」

と言う人がいるかもしれません。では、別の音楽家リストを書いてみましょう。

リヒャルト・シュトラウス、アルノルト・シェーンベルク、ヴィルヘルム・フルトヴェングラー、イゴール・ストラヴィンスキー、エルネスト・アンセルメ、エーリッヒ・クライバー、フランシス・プーランク、カルロス・クライバー……

19世紀末から20世紀初頭にかけて音楽史を牽引した作曲家や指揮者を挙げよ、といわれたら、かなりの確率で名前が出てくる人々ですが、彼らに共通するのもまた、音楽学校と無縁でキャリアを積んだ事実です。アンセルメなどは数学でいったん教授職に就いてから、子供の頃から積んでいた音楽家のキャリアをプロとして再スタートさせた経緯があるようです。「音楽家になる」ために、音楽学校を出る必要は、実はまったくないんですね。またこれは十分条件でもない。つまり音楽学校さえ出ていればミュージシャンになれる、なんて甘い世界はどこにもない。

私が小学生時代から10代はじめ、現在の仕事を天職にと決意したとき、自分の専門について内外でトップだった人の大半もまた、音楽学校では学ばず、現場で叩き上げで「音楽してきた」人々でした。

たとえば指揮は欧州と米国にヘルベルト・フォン・カラヤンとレナード・バーンスタインの両雄がありましたが、カラヤンはアーヘン工科大学中退、並行して音楽院単科履修ののち歌劇場の練習指揮者から叩き上げた人でしたし、バーンスタインもハーヴァード大学で学んだ教養人で、カーチス音楽学校でも学びましたが、彼の音楽は学校で学んでどうこうというものではありません。作曲で言えばブーレーズは数学、シュトックハウゼンは電子工学、指揮者でも知られたシノーポリは精神分析医でした。

日本国内に目を向ければ朝比奈隆は京大法学部卒。作曲の両雄、三善晃と武満徹は対照的な「独学」でした。

三善さんは東大仏文科の学生としてフランスに留学、パリ音楽院に一日だけ通いましたが、クラス分けテストで最初歩のクラスにまわされ、初歩クラスの教師が彼の繊細なハーモニーを小学生のような響きに直したところ、その紙を目の前で破き、二度と音楽院に行かなかったという話は、知る人はみな知る有名な事実です。

事情を知らない人は「三善さんはパリで勉強してきたから」と舶来の学歴を珍重するかもしれない。でも実際の三善さんのパリ生活は、下宿で自炊しながら、彼自身の音楽を一人営々と深める、とても内省的なものでした。

これと一見対照的ですが、戦災孤児として丸裸からスタートした武満徹さんも、およそアカデミックな教育とは無関係に音楽の道を歩みました。もっぱら私淑と独学で自らを厳しく律する中で国際的にオリジナルな仕事を生み出すようになり、やがてそれが評価されて大きな仕事を残しました。

いま挙げたのはあくまで作曲と指揮という音楽の中でも特異な分野でありますが、これについては音楽学校に入る、出るということは、専門家としての自立「のため」の必要条件でも十分条件でもなかった。私の師匠の松村禎三もそうでしたし、実際私自身もそのように子供時代から教えられて、そういう道を進みました。

すべてに共通するのは「終わりなき独学者」であるということです。右に挙げた殆どの方がすでになくなって居られますが、生涯にわたって大変な精進を続けられた。それはほかの何「のため」でもない。それ自身、音楽自体に献身された、本当に充実しきった人生でした。で、思うわけです。「のため」は、時に意味がなく時には非常に有害でもあるのだと。

だって、いったい誰が「お金のため」にガマンして歌う歌を聴きたいと思うでしょうか?

「××になりたい」ではなく「××すればよい」

変な話ですが、私は「作曲家になりたい」と思ったことがありません。だって、誰が認めてくれても、くれなくても、作曲すりゃいいじゃないですか。小学校5年の時点で自分は作曲していたし、中3でも高3でもそうだった。誰が認めてくれようがくれまいが、自分が納得する音楽、あるいは先生を納得させられる演奏が出来ればそれでいいし、そうでないものは、他の誰が何と言おうと、何より自分自身で許すことが出来ない。

そういう判断そのものの主体が、自分の手を離れたことがありません。現代では特異なあり方かもしれないと思っています。

指揮者になりたい、と思ったこともありません。何々楽団の指揮者として契約し、俸給をもらい、制限の中で何らかの演奏活動をする、というのが、通常の指揮者の生活ですが、そういうあり方以前に、音楽演奏を指揮するということ、それ自体があります。

指揮が大切なら、指揮すればいいんです。「……のため」に「＊＊＊をガマン」とか「〇〇を交換条件に」とか、そんなどうでもいいこと、本質的には一切無視してかまわない。それと音楽といったい、どういうかかわりがあるというのでしょうか？　ありません。まったく、ありません。

たとえば「医者になる」ためには「医師国家試験」に合格して免許を取らなければ偽医者になりますから、この受験準備「のため」に医学部に入るという理屈が成立します。

でも、かつては「弁護士になる」ために法学部を出ていることは必要条件ではありませんでしたよね？　司法制度改革がこういう面で吉か凶かは意見が分かれるところでしょうが、いずれにしても「弁護士になる」ために、特定の大学「学部」を出る必要は、現在でも原則としてはないはずです。ロースクールに入って、そこを出、試験を受ける。これは必要です。

じゃあ、こういう見方で世の中を見回したとき「ナニナニ〈のため〉」に本当に機能するキャリア・パスって、実はあるんでしょうか？

医者や弁護士のように資格が必要な例外はさておき、今日の日本社会の大半の職業は「のため」的なアリバイ、状況証拠で「なれる」というより、なってしまってからの精進で、本来は大きく可能性を開いてゆけるはずのものと思います。

それをそうじゃなく思う……思い込む、あるいは誤解することで、若い人が将来を悲観するような構造を作り出しているのではないか？

たとえばどこどこ省やどこどこ企業は、次官なり役員なりに何年入省、何年入社のドコソコ閥が強く、人事と出世は年功序列で、いったんそこから外れるとその先はナントカで……みたいな、もう、コップの底の小さな所以外ではどうにも通用しないチンケなお話に、若者が翻弄されたり、希望を失ったりしてはいないだろうか？

ここで「終わりなき独学者」に共通する一つの「心のテクニック」を指摘しておきましょう。それは、独学者は自分自身が採点者でもあるということ、つまり自分の仕事を自分自身で常に厳しく評価しながら進んでゆくのですね。そうでないと「独学」で何事かをなすことは決してできません。

つまり、判断基準を常に自分自身の中にも持つこと。独善に陥ることなく、客観的な判断を、自分自身が常に納得しながら下してゆくこと。これが、音楽家が自分の心をしなやかにつよく保つうえで、非常に重要な働きをするのです。

東京アートオペラの試み

2013年の春から、半年に一つ程度の頻度でオペラを上演してゆくことになりました。「東京アートオペラ」というチームを組んで、腰を据えて準備し、10年ほどの規模で地道にリハーサルを重ねレパートリーを増やしてゆく計画です。

ヴァーグナーの楽劇「トリスタンとイゾルデ」を皮切りに、同じヴァーグナーの「ニーベルングの指環4部作」「パルジファル」、ヴェルディの「オテッロ」、バルトークの「青髭公の城」ベルクの「ヴォツェック」「ルル」抜粋、さらには私の新作なども含め、ライフワークとして取り組んでゆきます。

ここで「のため病」の話題に、一定の結論を記しておきたいと思います。というか、先に言ってしまうなら、「その実力がある人なら、どんどん現場で仕事をすればよく、その実力がない人は避けたほうがいい」というのが、シンプルな私の結論なのですが……その実力とは何を言っているか、あたりから、お話ししてみましょう。

「出来るもの」は出来るでよい。その上で「出来ないもの」を精進しろ!

多くのスポーツ選手は高校卒業後すぐにプロになっていますね。無論大学を出る選手もいます。古い例ですが長嶋茂雄氏は（体育専攻ではなく）立教大学経済学部出身、原辰徳氏も東海大学政治経済学部経済学科出身だそうです。

で、長嶋や原を「経済の専門家」と見る人はいないでしょう。でも「一般学部出身」で「アスリートとして素人」なんて見る人も、まあ、いるわけがない。おんなじなんですよ、音楽や美術なんかでも。出来るやつはもう、15、6歳で判っているわけで、どこの大学をどう出たとか出なかったとか、そんなことはどうでもいい。

じゃあ、長嶋や原が経済学を勉強したことに意味がないか、といわれると、決してそうは思わないのです。

前にも書いた通り、私がティーンエイジャーだった頃、自分のフィールドで内外のトップミュージシャン、ヘルベルト・フォン・カラヤンでもレナード・バーンスタインでもカルロス・クライバーでも、あるいは朝比奈隆でも三善晃でも武満徹でも、私の師匠の松村禎三でもいい、音楽大学で音楽を学んだ、という人は本当に少なかった、というかほとんどいなかった。これは第二次世界大戦などの影響もあると思います。時代が下ればその割合は変化し、芸術大学、音楽大学出身の方の割合は増えます。でも、それは必要条件でも十分条件でもない。

出来るやつは出来るんです。早い時期から。18歳を過ぎて大学に入ってからフィギュアスケート始めます、なんていって、プロの一線で通用する人はそんなに多くないでしょう。まだ体が出来上がっていないうちから、徹底して鍛え上げてゆく。人材育成の根幹は、実はここにかかっていると思います。もっとはっきり言いましょう、大学なんかで始めるんじゃ遅すぎるんです。本当のことを言えば、とっくに大半の勝負はついている。ところが、そうでないように世の中を動かしてゆく「ルール」が出来てしまっているんですね。

大学ってそういう所ではない、と僕は思う。むしろ「出来るものはつぶさないように伸ばしながら、出来なかったものをきちんと伸ばして、バランスの取れた大人になる」ために、大学は機能すべきだと思っています。とくに一般教養はそうです。

専門に進んで、そこで「高度な専門教育」を受けると「人材が育つ」か？　なんて言われたら、正直言いますけれど、ぜんぜんそんなこと思いません。大体、本当にやる気があって、どんどん伸びる奴なら、カリキュラムなどに入っていようがいまいが、自分で好きなことならどんどん勉強して伸びてゆきます。そのとき、突出した能力だけでバランスを欠くことなく、むしろ興味が薄いもの、あるいは苦手なものなども、なんとかきちんと身に付けるべきです。

むしろ「出来ないものを精進しよう！」というのが、大学レベルの学生に言いたい最大のメッセージなのです。これはまた、何より自分自身が一貫して肝に銘じているモットーでもあります。

長嶋氏にしろ原氏にしろ、選手生活のさなかも、また監督などを務めるにあたっても、野球以外で学んだことが役に立った局面は山のようにあるはずだと思うんですね。

「五月病」と無縁なプロフェッショナル・スクール

この点各種の専門の学校はまったく違うと思います。一番分かりやすい例として「自動車教習所」を考えましょう。学生は教習所に「自動車を運転できるようになるため」あるいは「免許を取得するため」に入ってきます。むろんそれは「免許があればその先いろいろなことが出来る」とか「職場で言われて大型を取らねばならない」とか、いろんな事情はあるかと思いますが「教習所に入っておけば、あとは何とかなる」と、自動車学校に入ったとたんにやる気がなくなり「五月病になった」なんて話は、まず聞きませんね(笑)。

教習所では運転を学ぶ。実技は出来なければ修了不可能です。S字、クランク、縦列駐車……仮に下手でもうまくても、これらが一応出来る、となってから、第三段階、第四段階、路上教習などに進んで、最終的に免許取得に近づいてゆく……物事がクリアです。

で、「このさき将来『のため』に、きっと何かよいことがあるだろう」式の「のため」見込みで大学に進学してくる、というのを、もう日本はそろそろ止めたほうがいいんじゃないか？　というのが、私が正直思っているところです。

一般大学、たとえば東大を出ればあとはどうにかなる……か？　そんな甘い世界は存在しません。現実には東京大学に入学したあと、卒業出来ずに去ってゆく人、卒業はしたけれど仕事に就くことが出来ない人、非常に優秀だったのに地下鉄にサリンなど撒いてしまった人……ありとあらゆる具体的なケースで、何十人という人の顔が脳裏に浮かんできます。

先行き不透明な倒錯した期待感だけで、その実我慢している……という不健康な状態、もういいかげん、やめたらいいんじゃないでしょうか、日本。ダメになりますよ。もっと自分の欲望にダイレクトに正直にならなければ、どこかで気持ちも体も萎えてしまうのではないかと、とても心配になります。

多くの職業全般に大雑把なことを言うより、もっとピンポイントに言うなら、ソリスト等で音楽家になるのに、音楽大学を出ている必要はまったくありません。コンクールなどのタイトルのほうが余程有効だし、その勝負は14、5歳とか、場合によるともっと小さな子供時代についているケースだって、少なくありません。

「のため」ではプロにはなれない

もちろん、たとえば日本でオーケストラ・プレーヤーになろうというようなときには、オーディションがあり、実際問題として出身大学が問われることもありますから、一概に言うことはできないけれど、「ナニナニになるために何とか学校に行かねばならない。そのためにここは我慢しよう」式のことは、特に音楽については、極力考えないほうがいい。

我慢してやったものってね、すぐ抜けちゃうんです。例えば演奏家がソルフェージュ（耳のトレーニング）とかハーモニーとか「試験のために」「我慢して」潜り抜けて「いやな記憶だけ残って」「実際には何も覚えてない」みたいなの、本当にもったいないから、止めたほうがいい。これはどれだけ強く言っても言い足りないところで、そういう形骸化した必修和声とかの授業のあり方も問題があると思いますし、ともかく本質的に改めたほうがいい。

で、それと同じ事を一般教科についても言いたい。例えば英語を「試験のために」「我慢して」なんとかごまかして「いやな記憶だけ残って」「実際には何も覚えていない」みたいな格好で、いわば「手負い」になって大人になるのは、悪いことは言わない、止めたほうがいい。その先の人生で、英語を道具としてまったく使いこなすことが出来なくなる元を作っているようなものだから。

プラトンはかつて、自ら設立した学園アカデメイアの入り口に「幾何学を学ばざるものはこの門をくぐるべからず」と記したそうですが、大学が入学試験に出す5教科7科目とくに主要教科を「試験のために」「我慢して」潜り抜けて「いやな記憶だけ残って」「実際には何も覚えてない」みたいな状況で大学に進学しても、その先の人生が幸せなものになるとは限らない。まったく、そんなことは期待しないほうがいい。

自分の一生分通用する、本物の経験を、多くの人が、より若い時代から熟年に至るまで、積み重ねてゆける、そういう日本であってほしいし、国際社会であってほしいし、私自身もそういう社会で役立ちながら人生を送りたいと思っています。

4　心を活性化する装置を持つ

大阪市立桜宮高校での、教師の暴行をきっかけとする生徒の自殺が大きな社会問題になりました。マスコミもいろいろな形で取り上げましたが、僕はこれを「体罰」と呼ぶことがそもそも間違いだと思うのです、さらに「体罰の是非」や「どこまでが指導の範囲か？」などと問うこと、すべてが報道ショー的な安全圏での話で、本質とかすりもしていない。これについて少し踏み込んで考えてみたいと思います。

なぜ自殺するのか？

日頃触れない話題ですが、重要な問題ですので、あえて正面から考えてみたいと思います。

いったい人はなぜ、自殺するのでしょう？

……むろんいろいろな理由があります。私に身近なところでは昨今、自殺の多くを鬱など精神状態の問題として捉え、病として対策を立てようとする傾向があります。たとえば被災地での厳しい生活が続くと前鬱の空気が濃厚となり希死念慮が蔓延しやすい傾向が見られることがある、このようなとき、統計的に見ると一定の投薬が功を奏する場合がある、といったような考え方です。

疫学的に考えるなら、こうした考察はきわめて妥当だろうし、診察所の開設など行政が適切に考えるべき課題もあると思います。しかし、個別のケースでは、こうした統計的、疫学的な考え方はほとんど役に立たないようにも思います。

でも明確にヒューマン・ファクターに原因があることが「天災」とか「疾病」などとされることで、その原因を不明確にする、あるいは糊塗する効果を発揮するのみならず、原因の構造を温存し、その再発を防止しないなら……。

桜宮高校の件について、率直に強く疑問をもつ私自身の動機は、こんなところにもあるのです。

周縁と中心の転倒による閉塞打開・活性化

「イジメ」以外にも「自殺」を誘発する理由はあると思います。そうした一般論は専門家に任せ、ここではいくつかのケースに限って考えてみたいと思います。

一つは「絶望」つまり「希望を失うこと」。一定の年齢に達した人が人生に絶望する、というのも悲劇的ですが、まだ若い人が、さまざまな可能性に開かれているのに、そんな自分の持てる豊かな未来に目を向けず、自ら命を絶ってしまうというのは、なんともやりきれない思いを持たざるを得ません。

「希望を失う」の中には「閉塞感」「喪失感」、いくつかの「取り返しがつかない」感じ、「もういい」という逃避的な感覚、「自分は生きるに値しない」といった自己認識のトラウマなども、あるでしょう。

私は「自分は生きていても価値がない、死にたい」という人の話を聞くことがあります。また、私は地下鉄サリン事件の実行犯として死刑が確定している友人と日常を共にしてもいます。「死」は本来、誰にも平等に訪れる、生きとし生けるものすべてに避けがたい現実ですが、現実にはさまざまな生があり死があり、問題はまったく簡単ではありません。仮にここでは一般性のある考え方として、文化人類学者・山口昌男さんの「中心と周縁の転倒理論」あるいは「カーニヴァル理論」を考えてみたいのです。

カーニヴァル、つまり「謝肉祭」は、日常的な閉塞感で押しつぶされかねない民衆のエネルギーを爆発させる「転倒の祝祭」で、これを通じて個人も社会全体も、精神の再活性化を促してゆこうというものと考えられています。こうした「転倒」の場や戦略を持つことで、多くの文化は精神的な風化や老化を自ら回避して、内側から活性を保ってきた。山口さんはそうしたありようを様々な文化の中に見出してゆきます。

メキシコ、南米、欧州の謝肉祭はいうに及ばず、日本の能・狂言などに至るまで、祝祭的な時間・空間が共同体を停滞から根興しして活性化するダイナミズムを、山口さんは豊かな事例とともに語っています。

　こういう、なんと言うか、健康な形で「圧迫された人間のエネルギーが爆発する」ような場、いったい今の日本社会のどこに、どんな形で存在しているのでしょうか？

　例えば、スポーツなんて、若いエネルギーを爆発させるすばらしい通路であるはずなのに、実際は中年教師の暴力で、若者の精神が閉塞して自らの命を絶ってしまう現場になったりもする……こんな風に考え直すと、ますますもって、「体罰」なる名の下の暴行で子供を自殺に追い込むなど、絶対にあってはいけないことです。

　私は大学2年のとき学園祭の委員として山口さんにシンポジウムの登壇をお願いし、その時点で出版されていた山口さんの本46冊を一通り読んでご自宅にお伺いしたところ、その日から書庫出入り自由としていただいた経緯があります。芝居、映画の試写会から夜の新宿の文壇バーまで、山口さんに実地で教えていただくことで人間としての今日の自分の大半を養っていただいたと思っています。

　そんなこともあって、つまり自分が20歳頃、まだ先行きが見えず彷徨していた頃に強く導いていただいたことから、とりわけ若い人が「先行きが見えない」「閉塞感」という話をすると、どうしても山口さんのこと、また知行合一の彼の思想と行動を、思い出さずにはいられないのです。

カーニヴァル――鬱屈した空気を一新する妙手

山口さんのカーニヴァルないし祝祭的な空間に関する議論ですが、あらかじめ、より詳細にご興味をお持ちの方には『文化と両義性』（岩波現代文庫）などをご参照いただきたいのですが、ここではごく簡単に、

（1）周縁的な存在が中心と交代するさかさまの世界の演出
（2）周縁的な存在の活動による世界の混乱化
（3）混乱の元となった周縁的存在の中心からの追放と秩序の回復

という3つのレベルから成り立っているもの、と考えましょう。「周縁的な存在」はしばしばトリックスターと呼ばれますが、このあたりの詳細はまた別の機会に譲ります。上の（1）から（3）を山口さんご自身の別の表現で述べるなら、

（1）＝周縁の文化と中心の文化とをショートさせて
（2）＝それをスパークさせ
（3）＝そこからスパークの張本人を追放する

という、プロセスを踏むことで、何かと固定化しやすい日常の秩序をいったんひっくり返せる、というわけです。

今の日本社会に、とりわけ若い人たちに、そんな「スパーク」が存在しているでしょうか？　あらゆる日常的な価値観が逆転して、世界がまったくリフレッシュして見えるような瞬間……こんなふうに書いてみると、ここ10年20年の間に起きた、にわかには信じられないような、若者によるとんでもない犯罪のいくつかを思い出します。例えばオウム真理教による、ほとんど現実感のない誇大妄想的な破壊行動――私の親友もまたここでサリン散布の実行犯となり、最高刑が確定しています――こうした事件が起こるたび、テレビなどには訳知り顔で安全に放送できる範囲の、ほとんど中身のないコメントがオンエアされ続け、何一つ本質的な解決なぞはなされず、一過性のニュースとして消費されなんらかの経済が回ってゆく……。

もういい加減、そういう空疎なルーチンを卒業して、何とかしないと、この国全体が沈没してしまうのではないか、という危惧を、最近とみに強く感じるのです。

「因果性なき犯罪」の温床

2007年、秋葉原で起きた通り魔事件の後、「理由」のない犯罪が起きる背景となる

「真の理由」を考える必要を強く感じました。

無論、そんな「真の理由」がどう存在するとしても、当事者として犯行に及んだ被疑者が刑事責任をまぬがれるわけではありません。しかし、類似の状況から第二第三の犯罪の再発の防止に取り組むのは、とても重要だと思います。

「理由なき犯罪」というと、第一に思い出されるのはフランスの作家アルベール・カミュの「不条理」です。1960年、46歳という若さで事故死してしまうカミュですが、それに先立つ57年には43歳という若さでノーベル文学賞を受賞しています。

カミュのもっともよく知られた作品は小説「異邦人」でしょう。第二次世界大戦中に書かれたこの作品は、主人公ムルソーが母の死に動じず、無感動な日常を過ごしつつ、ふとしたことからアラブ人を射殺してしまい、裁判では動機を尋ねられて「太陽がまぶしかったから」と答え、最期は罵声を浴びながら処刑されることに希望を託すという救われない不条理を描いています。

カミュの「異邦人」は小説、フィクションではありますが、そこには大きな歴史の現実も影を落としています。というのも、作者のカミュ自身がフランス領アルジェリアで生まれ、父親を早く亡くしたため宗主国民として植民地の低所得層で育ち、成績優秀であったため奨学金を得てアルジェ大学を卒業後も、新聞記者などとして一貫してアルジェで働きつつ「異邦人」など初期の作品を書き進めます。

一方で結核を病んでもいたカミュは、第二次世界大戦の勃発当初はフランス軍に志願しますが不適格とされ、その後は平和主義を唱え、植民地行政の不正を暴くジャーナリズム活動に勢力を注ぎます。カミュがアルジェリアを離れてフランス本国に渡るのはフランスの戦局が悪化した1940年以降のことで、ナチスドイツによってパリが占領されていた時期、リヨン近郊で完成されたというのが「異邦人」成立の経緯と言われます。

このようにしてみると「異邦人」の理由なき犯罪、動機なき殺人という不条理は、この時期のカミュ、そしてフランスが置かれた、幾重にも中途半端で宙吊りで、誰にも打開の方法が見えない状況の中で構想されたものだと分かります。

つまり一方でアルジェリアはフランスの植民地でありながら、他方母国フランス自体はドイツに占領されて負けている。ヨーロッパ戦線は混迷の度合いを増し、いつどこで状況が開けるか、見通しはさっぱり立たない。暗雲は垂れ込めるものの、戦争そのものは欧州で起きていて、アフリカ植民地のアルジェリアはいつも太陽がまぶしく、暖かく、時間はゆっくりと経過している……そんな宙ぶらりん状態の中で「異邦人」の主人公ムルソーが「太陽がまぶしかったから」という理由にならない理由で殺人を犯し、激しい罵倒の中での処刑をむしろ希望する……そこに希望を見いだす形でフラストレーションの解放を望む、病んだ精神状態の「不条理」が、一定納得できてしまうようにも思うのです。

5　心にストレッチ体操の習慣もつける

仕事でアルゼンチン、ブエノスアイレスを訪れました。南米大陸は私にとって未踏の大地で、今まで一度もその土を踏んだことがなかったのです。

初めて知るラテンアメリカの現実は、いろいろな意味でたいへん興味深いものでした。現地では、小さな学会で数回話したのと、アルゼンチン国立コロンブス劇場（テアトロ・コロン）での演奏の研究録音、ブエノスアイレス大司教座聖堂カテドラール・メトロポリターナでの同様の演奏・録音など行いました。

たくさんの学生たちと一緒の仕事で、とても元気づけられました。

なぜか元気なラテンの若者

何が違うといって、現地の若者たちは日本とやる気が全然違うのです。

まあ、僕が一緒に演奏した学生たちがたまたま意欲に満ち溢れていただけかもしれません。

遠来の僕らが珍しかったというのもあるでしょう。

でも、普段から付き合っている先生たちとの人間関係を見ていても、日本のそれとは随分と違っているのが印象的でした。

今まで関わってきた日本でも欧州でも北米でも考えられない元気なノリで、たいへんにびっくりしました。

何でも自分から考え、自分で行動し、質問があれば積極的に突っ込んでくる。僕の言いたいことの本質をしっかりつかもうとしてくれる。こういう学生たちと一緒に仕事できれば本当に幸せです。

また、食事など共にする中で、学生たちの身の上や生活の実態を聞いてからは、いろいろ深く考えざるを得ない思いを持ちました。というのも、彼らは日本の標準から見て、決して恵まれた環境にいるとは思えない。しかし明らかに、彼らのほうが多くの日本人学生たちより「幸せ」を実感しているように思われたからなのです。

自分の幸せを実感できない日本の若者？

これは帰りの飛行機の中でのことでしたが、たまたま日本からアルゼンチンに移民された方が隣の席になりました。１９６３（昭和38）年、アルゼンチンに行かれたとのことで、現地での様々なご苦労の体験を伺ったのですが、お子さんが日本におられ、東京大学の大学院に進まれたということで、少し現実的なご相談にも乗ることができました。

アルゼンチンや北米の大学で学ばれたお子さんたちには、日本の大学のシステムは当初、全く理解できなかったそうです。

なぜ、入学試験にこんなにたくさん、細かな条件がつくのか？　普通どこの国でも、入試は極めて簡単なもので、大学の中で勉強し始めてから、ぎゅうぎゅうと絞られて厳しいセレクションで上に進ませてもらえないのがグローバル・スタンダードなわけですが、入試がやたら細かく、たいへん当惑されたとのこと。そこで、

「日本の大学、大学院というのは、入試を一見厳しそうにしておいて、中に入ってからはまともなことはほとんど教えないケースが少なくないんですよ」

とお話しすると、本当にびっくりしておられました。こう書くと読者から「そんなことはない！」という声を頂くかもしれませんから、一応僕の書いている根拠を記しておきますと、例えば東大教養学部のようなところで、必修の授業を担当する時、ほかの先生と比較して著しく熱のこもった教育を実施しようとすると「周りの影響もありますから……」とか「ほかの先生が迷惑されますから……」といった言葉で、暗に「手を抜け」という圧力をかけられる実態が存在しますので、ここは経験者が語っているもの、とご理解ください。

日本の大学では「教育」でいくら努力しても、それを教師の評価に反映するシステムがありません。そのため、みんな「研究」サイドで汗を流す必要があり、建前として「みんな同じ内容を学ぶ」はずの必修で、誰か一人だけ一生懸命な先生がいると「あの……迷惑なんですけど……」とやられる現実も、実はあります。

勤労学生の青空――ブエノスアイレスで驚いたこと

話をアルゼンチンに戻しましょう。ブエノスアイレスで驚いたことのひとつは、働きながら学校に通う大学生たちの多さです。19、20歳といった子たちもいますけれど、25、30歳といった年配になって、それまで働いたお金でやっと大学に進学することができ、昼間や真夜中に働きながら大学に通っている学生が、本当に多いのでびっくりしました。

彼らと話す中で「日本の大学生も〈アルバイト〉する人は少なくないけれど、彼らは生活のために働くばかりではなく、親から仕送りしてもらって、小遣いのためにアルバイトするケースも少なくない」と言うと、実に複雑な表情をされてしまいました。

「自分だったら、もし親がお金をくれるのならば、空いた時間全部を勉強に使って早く実力をつけたい」

「そうだ、そうだ」

といった大方の反応だったので、

「日本では、授業が退屈でつまらないと大学をサボったり、昼間の教室では居眠りばかりで夜中のアルバイトで遊ぶ金を稼ぐ学生も少なくないと思うョ」

なーんて話をすると、さらにいろいろな反響がありました。


「それでどうして進学できるんですか？」

「試験がザル状態で、誰でも合格はさせてもらえるからだよ」

「それで実力がつくんですか？」

「つかないねぇ」

「実力もつかないのにどうして日本の若者は大学に通うんですか？」

「学生も雇用する側も、学歴しか見ない時代が長く続いたからだろう。情けない現実だね」

「本当に、本当ですか？」

「現実だよ」
「それなのにどうして、日本の車や家電製品はあんなに優秀なんですか？」
「ブランドという過去の遺産を食い潰してる最中かもしれないね……」

などという話をしました。ブエノスアイレスでは音楽家からサウンドエンジニアリングまで、様々な専門の学生と話しましたが、彼らの能力はたいへんに高く、また表面的な能力以上に、学生自身が個人として持っている問題意識が深く、強く、きちんと納得して初めて自分から主体的に動く、という子が多かったのも、とても印象的でした。何と言うのか、彼らの頭上には済んだ青空があるんですよね。

彼らは国内の現実を知っています。新興国のひとつの現実として、先進国並みの水準を誇る都市部と、極めて後進的な地方とが国内に共存している現状があります。こうしてブエノスアイレスで働きながら学べる自分たちもいる中、様々な地方（プロビンシア）には、食べるものにも困る人たちがいる。そういう現実を感じながら、彼らは日々の生活を送っている。

貧富の差が激しく、大学生とはいえ働きながらでなければ学校に通えない現実。優秀な力を持った若者たちが、厳しい現実と立ち向かいながら、未来を切り開くべく営々として頑張っている。非常に強い印象を持ちました。

本当の幸せって、何だろう？

ブエノスアイレスでは数多くの学生たちといろいろな話をしましたが、その中でもっとも心打たれたひとつは、日系人のある学生の語った体験でした。

彼はかつて両親とともに来日し、10代で北関東のとある県の工場で働いた経験があるというのです。たった数年のことだったそうですが、ルーツであるはずの「日本」の経験は、彼に様々な印象を残したようです。

細かなことはここに記しませんが、彼は「ここにいれば確かにお金は入ってくるけれど、でもやっぱり、自分の人生や、人間の本当の幸せが大切だ」と決意して日本を去ります。10代の彼が日本の工場でどんな経験をしたのか、本当のことは分かりませんが「ここには人間の本当の幸せはない」と判断され、彼の目からは日本が見捨てられたことの重さを、考えねばならないと思いました。

アルゼンチンに戻って、収入の条件としては日本の工場より割は悪いかもしれないけれど、人間らしい暮らしをしながら、今、彼は働きながら大学に通っています。彼の言葉には本当に嘘がない。そんな彼の言う「本当の幸せ」、日本の若い世代が一様に見失っている何かと、重なってくるような気がしてなりませんでした。

ラテンアメリカの人々は、概してたいへんに人懐っこく情熱的です。音楽生活の苦しさは日本とは比較にもなりませんが、演奏している間はまさに天職といった風情で、どんどん元気になってゆきます。そもそも挨拶からして大げさで、互いに強く抱擁しあいます。

しかし、この「母を訪ねて三千里」の舞台ともなった国では、かつていったん海に出れば、けっこうな確率で遭難して二度と会えない人もいた長い歴史を持っているのです。哀愁を帯びながら、単に商業音楽というよりは哲学的な思索すら感じさせるアルゼンチン・タンゴの響きにしても、厳しい生活の中で人生の本質を凝視する眼差しのようなものが感ぜられます。

一瞬しかないかもしれない生命の輝き。だからこそ、それを精一杯明るく楽しもう！　そういう心の伸び、精神のストレッチ体操のような瞬間を、アルゼンチンではたくさん目にしました。

どうやら、厳しい環境で働きながら学ぶブエノスアイレスの学生たちの目からは、日本の若者は、自分の享受している環境がいかに恵まれているか、ありがたみが実感できないまま俯いている「淋しい王子様／お姫様」のように映るようです。逆に言えば、一歩外に出れば、日本人はいかに自分たちが恵まれた社会で生きているかを実感することができるでしょう。

温室の中で俯いているのが幸せなのか？　あるいは厳しい外の風に吹かれながら、でもお日様をいっぱいに受けて逞しく伸びてゆく方が真に「生きがい」のある、幸せな人生なのか？

第二楽章　ゆっくりと

——頭がよくなりたかったら、まずバカになってみる

6 表と裏の切り替えが人生を豊かにする

これはしばしば感じることですが、常識的に考えているつもりが、実は「考えている」の正反対、思考停止になっていることが少なくないように思うのです。

これを「上の句」とすると、考えない方が考えることになる、あるいは「案ずるより産むが易し」ということもある、という「下の句」も挙げておくのがよさそうです。

一か八か、逆転か正転か、ではなく正逆両方あって初めてベーシック、お好み焼きは表裏両面焼きますよね。「上から焼くか、下から焼くか、それが問題だ！」などとハムレットのような悩みを抱え込んでも、ほとんど意味がない、そんなあたりを考えてみたいのです。

お勉強は頭を使わない？

しばしば多くの人が誤解していますが、お勉強というのはほとんど頭を使わずにすむ、ある面極めて楽チンなところがあるものです。

僕の数少ない「趣味」の一つは「語学」です。全部下手なんですが、でも知らない言語というのは勉強の真似事をするだけでも世界が広がるようでウキウキします。未知なる言葉に触れることは、異世界に近づくことでもあるし、それをマスターすれば自分自身も違うものに変わっていく、何とも素敵なことだと思うのですが……少数派の意見かもしれません。

ま、何はともあれ、私は語学が趣味でして、最近は語学の「練習問題集」を解くというのが、余暇とは言いませんが頭の切り替えで最大の楽しみの一つになっています。

で、この「問題集を解く」という行為。これ、頭使わないんですよね。というか、あるゲームの中だけで考えていればいいから、思い悩むことなく、スラスラ集中できるし、その間は世界の面倒とは無縁でいられる。

しばしば思うんですが、子供の頃、勉強が退屈だ、宿題を解くのが面倒くさい、イヤだというのは、子供たちはアタマが良すぎるんですね、ジアタマが。

動物として機敏にアタマが回転すれば、周りにあるいろいろなものに気が散る方が普通であり、当たり前です。

逆に紙一枚の上のゲームだけに集中して、ほかを考えずにポカンとできるというのは、一種「一過性のバカ」にならないとできない。そういう一面の事実に気づく必要があると思うのです。

で、これは実は音楽の練習から来た習慣なんですね。能書きをいくら垂れても少しも仕事は進まない。思うより先に手を動かせ、というのが鉄則なのです。

「Change the mindset!」性根を変えろ！

世の学校の秀才というのは、要するにテストの問題で正解とされるものを書くことができる人たちですが、これには2種類あると思うんです。

一つは、

A　ほとんど勉強しないのに、なぜかできちゃうやつ、スポーツなどもよくでき、どちらかと言うと快活で軽率だったりもするけれど、かなりのことがサクサクできる。

もう一つは、

B　一つひとつ過去の問題を解いて、反復履修によってこつこつマスターしたことで、きっちりした答えを書くタイプ。

さて、ここで大変に重要なのは、このAタイプBタイプというのは「人間」の特性ではないということなんですね。では何か？……これ、たぶん「状態」なんです。

僕も東大に勤めてかれこれ13年、４０００人くらいは単位発給してきましたので、そこそこ数を見たうえで言いますが、あらゆる科目でどんなときにもＡタイプつまりスラスラサクサクなんてやつはいない。

得意科目ってのはありますよね。これは心理的な障壁が低く、結果的にサクサク学習が進むということですが、仮に国語算数理科社会、あるいは英語体育美術まではスラスラいけるけど、音楽はもう致命的というほどにスサマジイ、なんていうこともあるでしょう。

全教科全学科ができるように見える人が、工具や調理器具を持たせたらタダの木偶の坊ということもある。完全な人間なんて絶対にいません。

この事実の前に僕らは何を考えるべきか……「努力」というものを、心の状態「mindset」として捉えるヒントにすべきだと思うんですね。

このマインドセットを変えていくのが、実はとても大事なんです。

ドン物化して秀才となる

何でもスラスラできるやつなんかいない。ということは、つまり、同じ人が、あるものはスラスラできるけれど、あるものについてはコツコツ努力しなきゃうまくいかないってことですよね？

とすると、次に出てくるのは「心理的障壁」の問題なのです。

練習が必要。なるほど。ところが、あらかじめ練習するのが大好きで、結果的に人前に出るときにはスラスラできるようになっている、という人がいるんですね。

これ「後天的スラスラ症候群」みたいなケースは、なかなかハッピーです。本当は苦手なのに、意識して努力しているのが苦になって見えない。

日本画の村上隆さんがツイートで自分のことを「絵が下手」と書いていました。

いいこと言うなぁと思ってみたのですが、芸大の後輩らしい人が「そんなことないでしょう、村上さんの卒業制作はそれは凄かった」なんて突っ込むと「いや、絵が下手だから描き込んだだけ」と応じていた。

これ、凄くよく分かるやり取りだと思います。自分はこれが得意、と思うのではなく、ここは下手だからきちんとしなきゃ、と常々思っているから、平素の努力が癖になってしまい、苦にならない。

これと逆の場合が難しいんですね。もともと適性があまり高くなく、かつ、練習などに心理的障壁が高いとき。

野球がしたい、テレビも見たい、ゲームも携帯メールもしたい……子供の機敏な頭にはいろいろなことがよぎります。

そこで「手をつけたくないなぁ……」と思ってしまうこと、それ自体が反復履修をスタートする妨げになって、下手が下手のまま露出してしまう。すると成績に悪い点をつけられたりして、さらに「やりたくないなぁ……」という悪循環を繰り返すことになる。

これ、どうしたらいいか、と言うと「考えるのをやめる」のがコツなんですね。つまり「思考停止」＝「案ずるより産むが易し」。

四の五の言わずに「癖」にしてしまう。心理的障壁を透明化しちゃう。こうすると面白いもので、いつのまにか「不得意科目」が「得意科目」に化けている。そういう経験をお持ちの方って、案外多いのではないでしょうか？

死んだ親父の遺したノートに「ドン物化して秀才となる」という落書きがしてありました。小学生時代、それを読んで大変強く印象に残ったのですが、実際にドン物化するワザを身につけたのは、かなり時間が経過した20歳前頃になってからだったでしょうか。

騙されたと思ってやってみる

あれこれ「苦手」と思うのをやめて、お経と思って毎日唱えてみる。こんなの、実にアタマの悪い方法に見えます。ところが面白いもので、そんなことつまり「暗誦」などを習慣にすると、だんだんマスターした内容がアタマの中や心の内側で勝手に動き始めるんですね。

世の中には、文章のうまい人と苦手だと思っている人といると思うのですが、文のうまい人の大半は「二つの異なる読書」をしてると思うんです。

α　一つは膨大な量を速読的に読み流すことができる

β　もう一つは限られたテキストを繰り返し深く読みこむことができる

特に「β」精読ですが、これが暗誦などにまで深められていくと、そこから詩が生まれてきます。俳句や短歌、詩作する人は、かなり多くの先人の作句や作歌をそらんじていますよね？　つまり広く深く心の中に器があるということです。

「広くて深い背景があると、人間は創造的にものを考え、ものを作りだすことができる」こんなこと、文章で書くと陳腐ですが、では実際にどうしたら創造的になれるかと言うと、「極めてクリエイティブである」ことと「極めてクリエイティブではない」ことを、双方ともかなり徹底して進めることで人間が「広く深く」なり、自由に考え行動することができる範囲が増えていくように思います。

別の言い方をしてみましょう。自分を拡大するコツと考えてみてください。よく若い連中に言うのは、「あれこれ能書きたれる前に、騙されたと思って練習してみ」ということですね。

これは、能書きつまり先入観で「俺なんかそんなのできっこねーよ」なんてのがあらかじめあるわけですよね。

バカになるとリコウになる

「それを一回忘れなさい、そんなこと言ってても何一つ改善しないしハッピーにもならないよ、と。君はアタマが良すぎるからあらかじめそういうことを言うんであって、もっとバカになれよ」と。

「バカになってやってると、いつの間にかアタマが良くなってるから、騙されたと思ってトレーニングしてみ」って言うんですね、他人にも、自分にもね。

すると面白いもので、「自分には英会話なんかできない」と思い込んでた人が、そういう邪念を払ってしばらく思考停止、反復履修する間に慣れちゃうんです。

で、できるようになっている。何かの瞬間にハタと気がつくと、「あら♪　ワタシできるようになってるワ！」なんてことになっている。

バカになると利口になるという、とてもいい実例ですね。

音楽の例で言うと、例えばピアノやヴァイオリンなど楽器の指の練習と言われるものがあります。これ、いくら能書きたれてても、絶対に動くようになりません。まずは練習。

このとき、アタマ使っちゃだめなんですね、変に。と、ここで大急ぎで補っておきますが、初心者で練習の習慣がついてない人が、下手にアタマつかって「やりたくねーな」「退屈だな」「ピアノのお稽古きらい」とかいうアタマは使っちゃだめだよということです。

毎日の練習が習慣になると、ほぼ完全にアタマを使わなくてもよいようになります。そうしたら……今度は、アタマを使い始めなきゃいけないんですね。

機械的な練習くらい不毛なものはありません。ということでアタマを使って練習する。そのうちそれが飽和してきたら……今度はまたアタマを使うのをやめてみる……。

どうですか？

これ「お好み焼きを表から焼くか、裏から焼くか」という話に似ていると思うのです。表だけじゃだめ、逆転の発想が大事、なんてワザワザ言うのはアホらしいことで、表裏両方から焼いて「おいしいお好み焼きを作る」という本来の目的が達成されて、初めてナンボのもんでしょう？

そういう当ったり前が当ったり前と分かる、シラフのジアタマが大事だと思うんですね。「バカになるとリコウになる」という一面をお話ししたので、当然その逆つまり「リコウになるとバカになる」というのもあるわけです。

7 「みっともない自分」を隠さない

今回は「バカになるとリコウになる」というお話のお好み焼きをひっくり返す番でした。つまり「リコウになるとバカになる」。

もっと正確に言えば「自分がリコウだと思い込んでいるときは、たいがいその人はバカになっている」というようなケースに気をつけたいのです。

一番分かりやすい例はお役所の「前例主義」でしょう。何か社会的な問題があったとします。お役所がこれに対応するとき、基本となるのは、幸か不幸か「前例」ですね。

ここで、大変お利口な人がいて、いろいろな前例をやたらたくさん知っているとしましょう。あのときはああだった、このときはこうだった……と。

で「今回はコウじゃないカナ」と、もっぱら前例を参考に、つまり今回の例をきちんと見ずにパターンで判断したりする。

そこに落とし穴があることが多いわけです。

おリコウさんがバカになる理由

「前例尊重」は決して役所だけの特徴ではありません。例えば「判例」あるいは「症例」を考えてみましょう。

「判例」は、言うまでもなく裁判の判決での前例です。ある事件と「よく似た事件」での、旧来の判決事例を「尊重」するとして、実際には似ても似つかないケースと同様の結論をゴリ押ししたら、いったいどういうことになるか……あまりリコウなことにはなりそうにありません。

同じように、あるいはもっとよくないかもしれないのは「症例」です。

外来で患者さんがやって来た。症状を訴えている。ふむふむ、ああ、よくある「風邪の症状」です。お薬出しておきましょうね……と、別の症例と思い込んでパターンで処理するマナー、つまりマンネリズムで見逃して、実は誤診で重大な初期症状を見逃していた……なんてことになったら、患者はそれこそエラい災難です。

これらに共通するのは何でしょう?……目の前をきちんと見ていない。記憶と前例のパターンに頼ってやっつけようとしている。つまり、過去のお勉強の記憶に頼り、お利口に振る舞うことで、極めて愚かな振る舞いをしているわけですね。

もう少し一般化して言うなら「物知り」という知恵には限界があるということです。平安時代のお公家さんみたいに、やたらと有職故実、あれこれの枝葉末節には詳しい。もちろんそういう勉強を丁寧にするのも、決して意味のないことではありません。

しかし、自分がかつて勉強した内容が「過去の別事例」に過ぎない、ということを忘れるのは、実は一つの「慢心」だということを忘れてはいけません。

慢心していると、だいたい人間はバカな振る舞いをするものです。謙虚であること、初心忘るべからず、なんて言うのは、僕自身もそうですが、人は極めて容易に傲慢な振る舞いをしてしまう動物だからにほかなりません。

自分の中に2匹の動物を飼う

でも、たとえばヴァイオリニストを職業としている人は、自分がヴァイオリンを「下手だ」と思っているのでしょうか……?

そうじゃないですね、プロとして自覚も、プライドも、もちろん持っています。

「そのプライドって何か?」と言えば「自分は本番までにはきちんと仕上げて、人前に出るときはきちんと弾く」という責任感に裏打ちされた気持ち、古い言葉で言えば「矜持」が大切だと思います。

矜持を持ったプロフェッショナルは、みんな自分の中に(最低)2匹の動物を飼っていると思います。それは、仕事がとてもできる指導者「自分先生」という動物と、うまくできない「自分生徒」という動物あるいは「自分劣等生」と言ってもいいかもしれません。

「自分先生」はきちんとしたビジョンを持っています。それから方法を知っている。これをこうしてこうやれば、これくらいの期間できちんと仕事が仕上がるという見通しがある。

一方で「自分生徒」はそんなに器用には振る舞えない。

手指など体の動きが悪かったり、あとで考えれば自明なことに気がついていなかったり……。「自分先生」はしばしば、出来の悪い「自分生徒」にイライラし、八つ当たりしたりすることもあります。

でもここで「自分先生」が単なる断罪者になって「〈俺〉はダメだ」「〈私〉なんかには無理なのよ」とイジケるだけになると、心にコブを作ってしまいます。劣等感というやつ、あるいは苦手意識、一番、人間が捨てた方がいいものです。

劣等感はトラウマ、つまり心のキズの一種です。キズはほっておくと硬くなり、コブとなって心の滑らかな動きを邪魔する、シコリを作り出します。

ここで優れた「自分先生」ならどうするか……？

「〈俺〉はダメだ」などと〈俺〉を特定しないんですね。特定するから固まる、コブになる。

〈今、自分はココまではできる、ココはできていない。できていないココを克服するには、こういう方法でこれくらいの時間、こんな準備をすればよい〉

という対策、いわばレシピが書けることが大事。実行可能なレシピを書いて、それをきっちり料理する「心のシェフ」であることが、優れた「自分先生」であるための必須条件と思います。

「職人気質」を見直そう！

これはもうオーケストラは引退された方なので、お名前を挙げますが、ヴェルナー・ヒンクというヴァイオリニストがいます。この人は、朝から晩までいつでも練習しているんですね。

ある音楽祭で先生として来ていたヒンクさんとご一緒したことがあるのですが、驚くほど常時、周りが何をしている時でも、楽屋のオープンスペースなどで楽器を弾き続けている。

大変ビックリしたのは、まだその譜面を弾き始めなのでしょう、人前では聴かせたくないような様々なアクシデント、弾き間違いとか、音程が定まらないところとか、そんなものも隠さずに弾いている。

僕などは技量もないのにいいカッコしいなところがあって、下手なところなんか人に聴かせちゃダメだという意識、羞恥心のバリアがとても高かったのですが、ヒンクさんは違うんですね。

何と言うか、スッポンポンで歩いてるみたいなところがある。本当に苦労して一から練習しているところを、隠しもせずにみんなの見ている横で、気にしないでイイよ、ってな感じで、ずっと弾いている。

朝一番から午前中いっぱいとか、延々同じところばかりずーーーっと弾いていたりする。合奏の初回でも、まだけっこう完成してなかったりするんですが、それもしっかり意識して、休み時間になるとロボットかマシンになったみたいに延々、延々、さらってるんですね。で、本番を迎えると、何というのか、上手いなんていうのは当たり前以前にもったいないような立派な演奏、敬意をもって脱帽せざるを得ないような演奏を、確実になさるんですね。

当然ながら、ヒンクさんの脳裏には最初から、恐ろしく高い理想を持った「自分先生」が住んでいる。

と同時に、きちんと練習しなければ弾けないし、またきちんと練習すれば、誰とも比較されえないような、精神文化として高いレベルの音楽を「必ず実現させる」という強い確信、つまり職人気質の矜持がみなぎっている。

一瞬の時間も惜しんで彼は練習し続け、周りもみな、彼はああいう人、と信頼し尊敬している。

これが、かつてウイーン・フィルハーモニー管弦楽団で名コンサートマスターとして知られたヴェルナー・ヒンク現ウィーン市音楽院ヴァイオリン科教授の日常であり、裏表のない素顔です。

ヒンクさんは日本びいきでしばしば来日し、ピアノの後藤泉さんとのデュオなど、これからも日本の身近な場所でコンサートがあるかもしれません。

世界最高のメンバーが集うオーケストラに21歳で一般奏者として入団、4年後の25歳で首席奏者、10年後31歳でコンサートマスターに、楽員仲間の推挙で選ばれました。

音楽への深く広い教養であまねく知られ、また任せて安心という合奏時の絶大な信用をみんなに抱かれている、本当に本物のマイスターの1人は、こんな日常を送っておられます。

ヒンクさんは「自分が上手い」なんて絶対に思っていない。そうじゃない、「自分先生」の思い描く理想像をヴァイオリンを手にする「自分生徒」がきちんと演奏できれば、素晴らしい音楽をお客さんに届けることができるという確信がある。

みんなの期待もある。で、そのためにあらゆる努力を惜しまず、淡々と毎日、確実に効果の上がる練習をずっと続け続ける。

彼の音楽と楽器に向かう姿勢は、世の中で人が自分は「アタマがイイ」なんて慢心するのとは正反対の、徹底的に禁欲的な姿勢と言えるでしょう。

僕にとってヒンクさんは心底尊敬する音楽の大先輩であると同時に、能書きたれる以前にまずバカになって努力するのが、私たちの分野で世界トップの水準を支える生活習慣であることを、ハッキリ教えてくれた生涯の恩人であるとも、実は密かに思っています。

リコウと慢心するとバカになる、あるいは、俺はウマイなんて思ってアグラをかいていると救いようのないヘタクソになる。もって他山の石とすべし。

自分のこととして戒めたいところです。でもここでは「自分先生」がきちんとしたレシピを書けなければ、カタギな努力もしようがありませんね？

ということで、ではその「自分先生のレシピ」を、どうやって作ればよいか、次に考えてみたいと思います。

8 回り道こそ大きな発展への近道

毎年、お正月のお屠蘇気分も抜けるころには、受験シーズンもたけなわになります。もしかしたら身近に受験生がいる方もおられることでしょう。これからの季節、無事志望校に合格した、とか、第2志望に受かったとか、きっといろいろなケースがあるはずです。

いろいろな経緯で中学・高校生と直接のやり取りも多い私は「無事合格しました」という報告も受けますし、「第3志望に決まりました」とか「浪人することになりました」とか、様々な報告が毎年あります。

そのとき総じて、僕が言うことは同じなんですね、「おめでとう」と。

第1志望に受かった人に「合格おめでとう！」は、まあ当然でしょう。では第2、第3志望とか、あるいは浪人が決まった人に「浪人？　それはよかった、おめでとう!!」とはなぜなのか？

「それはね、君が以前思い描いていた程度の了見を超えて、飛躍する大きなチャンスを手にしたかもしれないから」

と、とりわけ浪人が決まった子を、僕は大いに励ますことにしています。そして自分自身の浪人や失敗経験の話をしてやることにしています。

浪人が決まってドイツ留学

掛け値なしに言いますが、私は子供時代、決して優等生というわけではありませんでした。中学高校時代は、クラスの中では中の上か上の下くらいのところにいましたが、決してトップなどということはなく、好きな勉強はしましたが、嫌いなものはほったらかし。

最初から音楽家になると決めていたので専門は真面目にやっていたものの、受験は早くに死んだ親父と同じ東大の経済学部に進むもの、それは受ければ受かるものくらいに軽く考えて、ほとんどまともな準備もしませんでした。

当然ながら受験は失敗、僕は文系の受験に失敗して浪人することに決まりました。ところがこっちはそんなこと考えない脳天気でしたので、たまたま優勝したコンクールがあり、翌年西ドイツに交換留学できることになっていたのです。

普通、大学受験に落ち、浪人することになったら、「真面目に勉強して今度こそは」と備えるはずです。ところがウチの母親はちょっとどこかおかしな人で、違うことを言ったんですね。

「若くて感じ方が柔軟なときは一度しかないから、18歳の今の目でドイツもヨーロッパも経験していらっしゃい」

と、大学受験では東大に落ちて浪人の決まった私を、受験と関係のない西ドイツに送り出してくれたのです。1983年、まだ冷戦のさなかで東西の緊張対立の激しかった頃のことです。

「理転」して摑んだ自分の人生

初めて見た東西ドイツ国境、武装したソ連兵とベルリンの壁の前の無数の十字架……。本業でも当然そうで、バイロイト祝祭劇場で体験したヴァーグナーのパルジファル、親戚や知り合いの家を泊まり歩きながら聴いた演奏会、欧州のオーケストラで演奏していた親戚や、当時留学中だった音楽家の先輩たちとの出会いなど、そこで見、経験したものは、今日に至る自分の大半を決定することになりました。

漫然と、死んだ父と同じ経済学部に行くんだ、なんて思っていた私は、極端に貧しく見える東ベルリンの町、安っぽい東ドイツマルク硬貨や、いちゃもんをつけて「交通違反の罰金」を「ただし米ドルで払ってネ」と言う東独の警官など、様々なものに遭遇し、これから世界と向き合ってやっていこうというときに、経済学なんかやってていいのだろうか（?）という疑問を持ちました。

法律とか経済とか、しょせん人が決めたことが行き先不明で流れていくだけではないか……そんなことを、ちらと垣間見た東側で18歳の私は考えました。大学ではもっと確かなことをやっておかないと、この先の人生で国境をまたいで音楽家の生活は送れないのではないか……。

で、その後の経緯も決して直線コースではありませんでしたが、結局のところ私は文系から「理転」することにし、大学で物理学を専攻することになりました。

この物理の大学院時代から音楽コンクールその他受賞が始まり、仕事も回りだして最終的にはストップしてしまうのですが、10年ほど物理を学びながら音楽家としてのスタートを切ることになったのです。

いま音楽生活も30年近くなって振り返ると、物理という軸足があることで自分の主要な仕事の半分ができたことは紛れもない事実です。

もし18歳、現役のとき経済学部に合格していたら、今日の自分、つまりあらゆる国で誰もが認める科学的な根拠を持って自分自身の音楽を展開できる土壌など、決して存在していなかったでしょう。

「自分のケースは特殊かもしれない。でも、そんな特殊な自分の立場から言わせてもらう。浪人が決まっておめでとう」

「以前思っていたのと違う進学になって、ことによるとものすごく良かったかもしれない。

それは17歳の君が思い描いたチッポケな未来より、もっと大きなものに飛躍する、決定的なチャンスになるかもしれないから。少なくとも俺はそうだったよ」

こう話すことにしています。

「自分先生のレシピ」初級編は「合理的な採点基準」作り

こんな具合で自分自身の大学受験に関しては、私は徹底して不器用で遠回りな経緯を踏みました。

と言うのも、私の母校は大正時代の創設から科学者を輩出することで有名な学校で（私立武蔵高等学校・中学校）、受験指導らしいことはほんど何もしてくれず、父親も早く亡くなり兄弟もいない私は、何をどう勉強すればよいのか、実のところ受験のノウハウを全く持っていませんでした。

逆に中高時代に身につけたのは、今思い返してのことですが、大学以降のオーソドックスな学問の学び方、進め方さらには創り方などを、実に筋良く学べたと思います。

さんざん紆余曲折のあった私ですが、幸い大学入学以降の成績はどうにかなってい、東大の中では毎学年、１８００人ほどいる理系の中で70人程度しか進めない理学部物理にも無事進学することが出来ました。

いったんは物理学の大学院に進みますが、音楽の仕事でこれを離れたあと、もう一度社会人大学院生で入った2度目のドクター・コースでは、そこそこ記録に残る成果もあがり、修了の4ヵ月後に助教授で呼び戻されました。

ではその間、何が変わったのか……一言で表すと、前回も触れた「自分先生のレシピ」の作り方を覚えたんですね。その適用限界も認識しつつ、一つの「かなり有効な道具」を手にしたわけです。

「自分先生のレシピ」とは何か……初級編のそれは「合理的な採点基準を作れるようになること」にほかなりません。

いま仮に大学受験を考えることにしましょう。これは初級編相当にちょうど合致します。大学受験というのは、高等学校の教育指導要領というもので「出題範囲」が規定されているんですね。とんでもないところから出たりはしない。

必ず一定の範囲内から問題が出題される……たまに悪問もあります。某私大文系学部で出る歴史の問題などで、知らなきゃ書けない、知ってたら書ける、みたいなのは、これは悪問と私は考えますが……ソレに対して答案を書き、公平妥当な採点基準で採点される……これが入試というゲームのフローにほかなりません。

採点官という相手があって、その読み手に向けて、手紙のように書くのが答案というものです。実際、のちに採点側に立つようにもなって言うことですが、試験官も採点官も、意地悪く落としてやろう、なんて人はほぼゼロ、いません。

みんな、実力をきちんと発揮して頑張ってほしい、せっかく一生懸命書いた答案は、正当に評価してフェアな基準の中で1点でも多く加点してあげたいと思っていると思います。

「トラウマを抱えてウズクマル」から「トラとウマに分かれて走り去る」へ

ちょうどその頃、浅田彰という人の『構造と力』という本が流行っていました。浅田さんも経済学者だったので、こういう優秀な人がすぐ上にいるなら、なおさら経済はやめて物理に、と思ったものでしたが、この『構造と力』の中に次のような表記がありました。

モダン「トラウマを抱えてウズクマル」↓ポストモダン「トラとウマに分かれて走り去る」(坂田明)

これを徹底することにしたのです。これが「初級編・自分先生」の最大のキーポイントです。「トラとウマに分かれて走り去れ!」

中学高校、そして浪人時代の私は、様々な深い問題に正面から取り組み、一部は自分自身のトラウマにもなりつつ、ウズクマッて苦吟するのが常だったと思います。

でも、そうやってノタクッているのばかりが誠実な態度かというと、全然そんなことないんですね。

そうではない、今あるルールがあるものにトライしているとしたら、そのルールに則って、最も合理的に対策を立てるのもまた、非常に大切な、誠実な態度だと思うようになったのです。

具体的には、出題者＝採点者があるものについては、問題を見た時点で採点基準を考えるようになりました。つまり「先生」と同じ観点に立つわけです。「自分先生」の第一歩ですね。

同じ事を音楽で考えてみましょう。

例えば、音大入試で演奏するケースを想像してみてください。だいたいが減点法ですので、ミスが少ない演奏をしなければなりません。そのためにどうしたらいいか、という合理的な練習法などを工夫することになります。

ある問題を見て、その採点基準が分かれば、その問題は解けたのと同じようなものです。あとはその基準を的確にクリアして、合格答案を書けばいいだけのことですから。

「俺はこんなにできない」「私はこんなにダメ」なんて、１００回言っても１０００回ぼやいても、誰も助けてくれないし、自分も人も誰もハッピーにはならない。

そんなもの、実は暇人の自己憐憫に過ぎないのだ、と19歳頃のある日、私は気がつきました。そして、音楽でやるのと同じように「自分先生」が一番厳しく合理的な採点基準で指導してやれば、受験問題というのは普通解けるようになる、ということを知りました。

実際には、大学の採点基準を知る必要があります。そのあたりの要領は、こと大学受験に関する限り「駿台予備校」に教えてもらったと思っています。

浪人が決まって以来、西ドイツに留学したりするところからも分かるように、私はずっと「宅浪」つまり自宅浪人生として、最初は全く要領を得ない方法で、ちっとも効率的でない不器用な勉強法で辛吟して、それこそトラウマを抱えて苦しんでいました。

でも、そんなの趣味みたいなものなんですね。実際には、合理的に解決できるものは、合理的な対案を練って克服していけばいいのですから。

人生には合理的に解決がつかない問題が山のようにあります。そもそも自分が生まれてきたのだって、いつか死んでいくのだって、理屈で説明などつくわけがない。

でもせめて、理屈で説明がつく範囲については、サクサク合理的にやってゆくのも、決して悪いことではないのではないか。

そういう踏ん切りをつけ、トラウマはトラとウマに分かれて走り去ることを覚えてから、私は自分のその後の勉強も、またアルバイトしていた受験指導でも無敵状態になりました。

特に教官になってからあとの大学院入試対策では現在まで無敗を記録し続けており、文系出身の学生を東大工学系博士課程に合格させたりもしたものでした。

「効率重視」は万能ではない

しかし、この「初級編・自分先生」には、明らかな限界があります。それは、出題範囲が決まっており、一律の採点基準でマルバツをつけられる程度の試験にしか使えないということです。

ペーパーテストで合格する程度の知恵など、知性としてはお猿の電車の運転手に求められるのと大して変わらぬものに過ぎません。要するに、軌道自体は決まりきったもので、そこで発進とか停止とか、お決まりのことができれば合格という程度のものだからです。

大学合格以降、また特に最後の大学院博士課程などで成果が上がったのは、私が「解けない問題を抱えてウズクマル」式の辛吟を自分のライフワーク、作曲や指揮で繰り返していたことが決定的に効きました。

特に中学・高校時代からの音楽の恩師、松村禎三は、当時は芸大第一作曲講座教授でしたが、非合理と情念のカタマリのような禅問答式のレッスンで、子供の私は大いに悩まされました。

あれは一種の旧制高校での先輩が後輩をカワイガルみたいなものに似ていたと思います。

いや、最も愛された弟子の1人であったのも、門下で30年間学び、いま松村の棺を覆って思いますけれど、当時は大変だった。

松村先生に、いたいけな10代に叩き込まれた「自分先生」は、高校生の私を要領のいい受験秀才にするのを邪魔した最大の元凶でもありました。

と同時に、欧州放浪などのトンでも経験を経て同級生より3年遅れて大学に入学した私が、芸術音楽家として仕事しながら、30代前半までに顕著な業績を挙げることができ、34歳で東京大学に招聘されて助教授に着任する、必殺の方法を叩き込んでくれた、もう1人の「自分先生」でもあったのです。

自分先生、初級編は「トラとウマに分かれて走り去れ」でした。「自分先生」中級編は「トラとウマは再び出合ってうずくまれ」になります。で、ここまで到達すれば上級編への道のりはそんなに遠いものではありません。

9 バカな自分はそのまま生かし、残りで勝負する

しばらく前から「想定の範囲」ということが言われるようになりました。いわく「この程度の焦げ付きは想定の範囲内です」「あきらかに想定の範囲外の天災」などといった具合。

今日の日本社会、私たちは「想定範囲外」の難問と向き合わねばならない局面が大変に増えていると思います。

そこで、この「想定範囲外」の問題に、どうすればたくましく取り組んでいけるか、という「中期目標」を念頭に、前回に引き続いて「自分先生」レシピ中上級編その（1）、をお話ししたいと思います。

「自分先生初級編」のおさらい

前回、イントロに受験の話を書いたところ、そちらばかりが目立ってしまったようでした。お話の流れは「自分先生」初級編にあります。

これをおさらいしておきましょう。

「自分先生」つまり、自分で自分を指導していくうえで「初級」問題というのは「正解のある問題」のことです。

逆に言えば、世の中の大概の問題には、「正解」などありません。

マーケティングでも、営業でも、新製品開発でも、どこかに「解答集」があって、これと答え合わせして、合致していたら正解、なんて問題が、世の中にどれだけあるでしょう？

どこに子育ての「正解」があるか？　学級崩壊したクラスの立て直し方に「模範解答」があるか？　あるわけがない。

逆に言えば、小はお受験から大は大学入試、司法試験や医師国家試験などまで、「正解」があらかじめ存在するような問題なんて、実は大したシロモノではない。

まずここから押さえましょう。正解が存在する問題とは、つまるところ「ゲーム」、もっと言えば「ごっこ遊び」と完全に割り切ることが、まず第一にものすごく大切だと思います。これ、大真面目です。

よろしいでしょうか？　受験なんて所詮はルールと正解の決まった「ゲーム」に過ぎない。高等学校までで教える教科も、ペーパーテストになるような程度のものは、ぜーんぶゲーム、手筋が決まれば勝負がつく、疑似体験のお遊びだと看破しましょう。

現実にはどうでしょうか？

学校で成績が悪かったりすると、気にしませんか？

僕は中学1年のとき物理で赤点がつき、コンプレックスを抱え込みました。担当の教師も大嫌いになりました。のちに高校卒業後、理科それも物理に転向しようと思い、母校で、昔大嫌いだった物理の先生に一生モノのお世話になるのですが、大事と思うのは、このコンプレックスとか苦手意識、早い話「トラウマ」ですね、これを全部、忘れてしまえ！　というのが初級編の一番のポイントでした。自分先生初級編の骨法部分は、「トラウマを忘れよ、トラとウマに分かれて走り去れ！」

と、前回も書いたことですが、ギャグで書いているのではなく、実際に大事な一番の心構えなのです。

初級編、応用のテクニック「採点基準」

再度、確認しましょう。初級編の問題は「正解」があります。正解と似たようなことが書いてあればマルがつく。誰が書いてもマルがつく。

だったら、もしここで「マル」をつけてもらいたければ、正解とされるようなことを書けばいいだけですよね？　あまりにも自明な話です。

ではどうするか？　試験というのは採点者が採点するものです。僕らは問題を作る際、当然ながら採点を念頭に作りますので、かなり詳細な「採点基準」を作ります。

採点基準はまた、採点時に変更することもあります。クラス全員があまりに低空飛行だったりする場合、甘くしてやらないと、全部0点とかでは成績にならないんですね（笑）。「初級編」の問題には必ず「正解」があり、「正解」のある問題には必ず詳細な「採点基準」があります。自分先生、初級編で負けない癖をつける必勝法、実践的な方法のコツは、「問題の採点基準を見抜くことに慣れよ」

そして、問題に解答している最中から、きちんと自分なりに「これなら自他ともに認めるよナ」と思う採点基準に照らして、模範解答を書いてゆく癖をつけること。これに尽きます。答案は採点者への手紙です。これをラブレターにしたら、だいたい勝ちですね。読みやすく書く。大事なところは太字にしてアンダーラインを引く、などなど。

一目見て「あ、こいつはワカッてる。デキル」と採点者に瞬時で分からせる答案を書く、なんて、実は全く簡単なことです。

ウソだと思ったら、解答集を出してきて、それを丁寧に、ラブレター風に清書して、採点者の机に紛れ込ませておけばよい。間違いなくマルがつきます。赤子の手をひねるより簡単ですね。

「そんな簡単じゃないよ……」

と思う人がいたら、企業の営業プレゼンテーションを作ることを考えてみて下さい。効果的なプレゼンテーションを「俺は作れるだろうか……？」なんて自信喪失しても、何もプラスはありません。

百戦錬磨のジゴロになって、男性であれば女性を口説くつもりでプレゼンラブレターを書いてみる、そんな状況と比べてみてください。実はこうした「攻め」のテクニックは、音楽でコンクールを制覇するときに、とても役に立つものでもあるのですが、それはまた別にお話ししましょう。

あらゆる入試問題は、発表されるや否や、直後に受験産業が正解集を出しますね？

慣れてる人には15分とか20分で完全解答が100％可能なもの。東大入試だろうと司法試験だろうと、全部しょせんは陳腐なもの。才能の必要ゼロのゲーム、「お遊び」と割り切って、正解とされるものを淡々と時間内に書けば、100％マルが付いて戻ってくる程度の「ハウス栽培」みたいな偽物に過ぎません。

組織が前例踏襲に傾く理由

ところが今日の日本社会では、大変に残念なことですが、このハウス栽培の狂言みたいなペーパーテストで、結構大切な様々な事柄が決まってしまうことがあります。

例えば国家公務員試験などを考えてみましょう。やはり「初級の部」の陳腐極まりない問題、ハウス栽培型の勉強と正解ゲームで、人材の選抜が行われます。

すると……正解のない問題が出てきた時、どう考えたらいいか、分からない人が大半、ということになりますよね？　自然なことです。それで人を選んでるんだから。

さて、翻って実社会では子育てから社会問題まで「正解」のあるケースはほとんどないと、先ほど確認しました。

しかしお役所や大企業の、とりわけキャリアと呼ばれる連中は「ハウス栽培ゲーム」に慣れ切ったのが入ってきます。この連中にどうやって仕事させるか……というところから、

「正解＝前例・先例」

という「ウソっぱち公式」が登場してきます。何か現実の問題が出てきた！　となったら、何をするか？

……間違っても「自分でアタマを使う」なんてことで時間を「ムダ」にしてはいけない、ただちに「前例」を調べよ、それに沿ってやっている限りは、この組織内では「×」はつかない、「×」がついたら後々まで大変面倒なことになる、まずはコトナカレ、コトナカレ、前例と同じことをしていれば、それが「正解」となって、面倒は行き過ぎてゆく……。

という反応が生まれてくることになります。今日の日本社会でコレ、とは思いたくありませんが、少なくとも飛鳥時代末期以来、日本で「律令国家」つまり文書主義の行政府が成立してこのかた「前例至上主義」の傾向は、間違いなくこの国に１３００年来巣食っている。

さて「前例」＝「正解」の「ウソっぱち公式」を正規採用してしまったら、自分でアタマ

使う必要ありますか……？

ここで、最初に書いたポイントに戻ってみましょう。「想定外の事態」に直面した時、どのように、タフでスタミナのある処理能力を持って、物事に対処していくか。そういう自分を育てる「中級の部」自分先生を、どういうレシピで育てていけばいいか？

解答不能な問題を見分ける

一番のポイントは、ある問題を目にした時、それを「解答可能部分」つまり「初級編」で対応できる部分と、「解答困難部分」つまり「初級編の範囲外」とに「腑分け」する能力。反射的な眼力をつけること、なんですね。

たとえば「良い管理職とは何か？」、あるいは、「優れたチームリーダーとはどのような人物か？」という問題を考えてみましょう。

これもまた「正解のない問題」の典型ですが、1つの「解答例」として、優れたリーダーは、ある問題があって、一定期間の間に答えを出していかねばならないとき、

・自分のチームのスタッフの各々の人材を生かし
・一人ひとりが、決められた時間内に確実に解決可能な課題に「腑分け」して

・1週間でも1ヵ月でも、短期間を無駄にせず、着実に事態を前進させる人

だと、僕は考えています。少なくとも自分の仕事ではこれが絶対的です。

つまり、「優れた指揮者とはどのような人物か？」と考えるなら、

・自分のアンサンブルのプレーヤー各々の人材を生かし
・一人ひとりが、決められた時間内に確実にマスター可能な課題に「腑分け」して
・15分でも1時間でも短いリハ時間を無駄にせず合奏を決定的にグレードアップする人

が、優秀な指揮者の一の一と思います。僕の知る限り、本当に優れた人でこれができない人は一人もいません。

一般の仕事で言えば、人事から話はスタートしているということ、当然ですね。でも、理想のメンバーじゃないからイヤだ、ダメだなんてことは、少しでもまともな指揮者なら、絶対に言いません。

卑しくも俺が皆の前に立ってるんだ、30分リハーサルして劇的に変化しないなんて、絶対にプライドが許さない、ってな強固な確信をみんな胸に秘めてますから、強引にでも何とかしてしまいます。

……ってなところから「自分先生」中級編の入り口は、「解答可能な部分」と「解答困難部分」とを区分けして、初級で対応できる問題は、黙って手を動かして、時間に比例してどんどん解決していく、つまり「初級を縦横に応用しろ！」に尽きるんですね。

ピアノで難曲を練習するとします。最初から最後まで通すのが難しすぎたら、その曲に取り組むのはおやめなさい。まだ実力に合っていないから。

まあやってもいいだろう、という作品であれば、比較的自分の手に負えるところから練習していきますね？

と同時に、ここは自分にとって難しい、という部分を抜き出して、そこだけ集中的に特訓します。当たり前でしょう？

野球でもゴルフでも、水泳でも、将棋でも囲碁でも同じじゃないですか？

それならば、なぜ、勉強や仕事だけのけ者にする必要があるか？ ないだろ？ 黙ってやってみ、ということになります。つまり「アタマが良くなりたければ、まずバカになってできるところから手を動かし始めるに限る」という大原則に戻るわけです。

さて「仕事は腑分けが大事」までできました。で、ここで「安パイ・楽勝な部分」と「にわかには手のつけられない困難な部分」というのが登場してきます。具体的には「正解が解答集に印刷されていない部分」ですね。

これに取り組み始める、というのが自分先生「中上級編」の一の一です。その入り口から、順番にお話ししていきましょう。

最初はただただ、ゆっくり弾く。だんだん速くしていく

いまピアノやヴァイオリンで、演奏至難なパッセージに出くわしたとします。あなたならどう練習しますか？　と、マトモな音楽家100人に訊ねてみてください。100分の100の回答率で、

「最初はゆっくり丁寧に練習する。必要なら部分に分けたり、合理的に考えて練習法に変化をつけたりもしてみる。慣れてきたら段々速くして、十分に手についてきたあたりから、初めて本当の音楽作りの入り口に立つことになる」

みたいな答えをすると思います。

自分先生、中級編は「解答不能な問題と直面する」「難問とつぶさに対面し、それを病む」というところから始まるのですが……ここからが面白いところですが、続きは次節に。

10　一流と二流の分かれ目は自分の中にある

突然ですが、建設的批判と誹謗中傷の違いって何でしょう？

僕は雑誌やインターネット上にいくつか連載を持っています。人前で演奏し、作品を発表し、CDも出し本も出版します。いろいろな人が様々な立場でコメントや批評を書いて下さるのですが、その中には、残念なことですが誹謗や中傷も混ざっている。

建設的な批判は大いにそこから学びたいですが、誹謗中傷はいちいち付き合っていたらキリがありませんから、スパッとスルーさせていただくのですが、その瞬間的な見分け方を僕なりに持っています。それは何か？　というところから、お話を始めましょう。

「具体性」と「対案」

例えば、誰かの書いたものに対して（あるいは僕、ということにしておきましょう）「こいつの文章は本当にひどい」とか「高校生レベル」といった表記があったとします。これは「批判」か「中傷」か、を判定してみましょう。

「文章がひどい」と言うとき、どこがどうひどいのか、具体的な指摘があるかどうか（？）は、一つの判断の分かれ目です。

「文章がひどい」とあるべきところを「文相がひどい」など、ここに誤字がある、などと具体的な指摘ができるか？

あるいは、放射性物質に関連する話をしていたとしましょうか。その中でどこが具体的にどう「高校生レベル」で、それが「大学以上」ではないと、やはり具体的に指摘できるか？

これが最初の判断基準「具体性の有無」です。

具体性のないコメントは一過性の「感想」で建設的な「批判」にはなっていない。で、この「感想」ばかり言っていると、人から信用してもらえなくなる可能性があります。

いま仮に、指摘が具体的であったとしましょう。

「文相がひどい」とあるけれど「文相」は「文章」の間違いで「相」を「章」に直さなければいけない。

と、具体的な指摘、添削、対案などが詳述されていれば、それに沿って直すことができますね？

つまり「建設的」だということになります。

ここまであれば、間違いなく「建設的批判」と言うことができます。

あるいは放射性物質を扱って「高校生レベル」という話があったとしましょう。

「空間線量が何マイクロシーベルトと書いてあるけれど、マイクロシーベルト／毎時といった時間率の表記すらない。さらに線源の物質、その核種や発される放射線が何であるか、汚染物質が粉塵などの形で存在していれば、吸気から内部被曝の可能性が懸念されるが、そうした顧慮も全くなされていない表記で、これでは高校生以下のレベルと言わざるを得ない……」

なんて具合に、きちんと指摘してあれば「批判」になります。

ここで言いたいのは、児童生徒・学生の指導は、すべてこの「建設的批判」でなければならず、単なる「感想」や「悪い点の指摘」だけにとどまるものは、教育とか指導という名には当たらない、という大原則です。

仮に子供に「おまえはバカだ、お前はダメだ……」と親や教師が言い続けたら、どうなりますか？　普通ひねくれて当然ですね。

あるいは「お前はここが悪い」という指摘だけというもの。つまり「いつも遅刻する」「忘れ物が多い」あるいは「成績が悪い」でもいいです。悪い点を言うだけで、それをどう直したらいいか、という具体的なサポートがなければ、それって指導と呼べるしろものですか？

僕はそうは思わないんですね。少なくとも人の体温の感じられるサポートがないものは、学校や教育機関での指導の名に値しない。

単に悪い、ダメだという指摘だけなら素人でもできるかもしれません。ここで、いやしくも学校だ、先生だというのなら、きちんと教え導いて、できないものをできるようにするのが「大原則」というものでしょう。

この「大原則」、実はあらゆる「先生」に当てはまるもので、ここでお話ししている「自分先生」もまた、例外ではない。ということで、前節のお話とつながるところまでやって来ました。

「指導要領」と「採点基準」

前節、あらゆるペーパーテストは「ビニールハウスの中のゲーム」「ごっこ遊びの狂言」と書きました。これをもう少し丁寧に言うなら、試験つまり「考査」というのは、それまでに教えた内容の「達成度」を見るものだ、という、もう少し落ち着いた表現が可能です。

「達成度」というのは、指導があって、そのどの項目ができているか、いないか、を見るものです。

例えば車の運転免許を考えてみましょう。実技試験で「右折」をするとしましょう。

左右確認できているか？　ウインカーは出した？　一時停止は？

そこからハンドルを切りつつアクセルを踏んで……たかが「右折」されど「右折」です。

日曜日の昼間など、ペーパードライバーなのか、右折一つで交通全体をストップさせている車を見かけるのは珍しいことではないですよね（苦笑）。

これを教習所で教えるときには、まずこうする、次はこう……と、一つひとつ段階を踏んで教えます。これを「指導要領」と呼んでおきましょう。

次に、今度はその達成度を見る、（免許で言えば教習所の「第3段階」クリアの）試験みたいなものを考えると、かならずチェックリストがありますよね？

これはちゃんとできているか？　こっちはどうか？　などなど。

それで、いくつ以上落ちがあったら不合格、いくつ以上なら合格、と合否判定が下されていく。これが「採点基準」そのものです。

いま、車の免許を取ろうというとき、教習所で、一つひとつのポイントを教えず、ただ「ヘタだー」「ダメだー」「お前はバカだー」というような教官がいたら、どうでしょう？

……いや、遠い昔、僕が合宿免許を取ったときは、そんな感じの人だった記憶もありますが（笑）……ダメですよね。先生がダメなら自分できちんとしなくてはならない。

ということで「自分先生」が登場します。カリキュラムが確定しているものなら、チェックポイントをきちんと考えて、細かな対策を立てる。学科なんかもそうですよね。

なぜ右折のときは「3秒前」なのか——そうか、運転している車の中では、距離は客観的に計れないから、時間で決めるんだな——とか、自分の地アタマで考えて、納得がゆけば、問いと答えの必然性が分かる。

こんな具合で出題範囲全体を細かに考えてやれば、普通程度の合格点は間違いなくつく。優等生になるというのは、一定の地道な努力を重ねれば誰でもできること。才能は関係ない。

「ムズカシイ」ことではなく、大人として仕事で取り組むことなら、できていなかったら「ハズカシイ」範疇の事柄に過ぎません。だから「初級編」なんですね。

では、そういう「指導要領」が存在しないときには、どうしたらいいのでしょうか?

「マニュアル作り」が中級のスタート

例えばコンビニやファストフード店などで、レジに立っている(多くはバイトの)人は、画一的な応対をしますよね?

「接客マニュアル」があるからです。チェーン店の場合、どこでも均一なサービスの最低水準が求められる。当然ながら、このマニュアルはとても重要な意味を持ちます。

一度マニュアルができてしまったら、それに合致しているかどうかテストできますから、簡単な話です。しかし、マニュアルがない事態が発生したら……?

というのが、一段階進んだレベルでの対応を求められる段階になると思います。

例えば「病原性大腸菌で患者が発生するようになった」「インフルエンザが流行した」な

んて事態を考えましょう。

これに関連して「接客マニュアル」などを「改訂」する必要が生じたとします。何をしなければならないか……。

僕の自分先生中級編の解答案は「自ら調べ、自ら学ぶ」というものです。

「これを見ればバッチリ大丈夫」というマニュアルがなければ、マニュアル以前のことをきちんと調べて、新しいマニュアルを作らなければなりません。しかしこれは、実は思いのほか、簡単ではないんですね。

病原性大腸菌O157が流行りました……というのなら、それに関連する疫学統計を調べたり、保健所の指導を仰いだりして、きちんとした調べものをすればよい。

しかしこれが「新型インフルエンザウイルス」の流行だったら？　あるいは「新手の振り込め詐欺対策のマニュアル作り」なら？　さらには「環境全体に広まってしまった低線量被曝への対応マニュアル」なんて言われたらどうしますか？

すでに確立された対策が世の中にあるなら、それを慎重に調べてもってくれば、新しいマニュアルが作れます。

しかし「新手の振り込め詐欺」なんて、どんな手法でくるか分からないかもしれないし、住環境全体に薄く広まったセシウム137にどう対処するか……なんて話は、保健所だって大学だって、あるいは専門家とされる大先生だって、誰も決定的な答えを持ってはいないことがすでに分かってしまっています。

でも、いくらそんなことを言っても、毎日の接客なり何なり、ニーズというのは厳然として存在するものです。泣き言を言っても始まらない。

ではどうするか……というところで「できるところから直していく」という「マニュアルの部分改訂そのものをプロセスとして考える」という、一歩進んだ考え方が出てきます。

あえて言うなら「進化する採点基準」ということです。でもこれだって、実を言えばたいしたことではないので、中級と言っているのですが。

中間・期末テストと入試問題

例えば高校1年生、1学期の期末テストです、と言われれば、出題範囲は「教科書のここからここ」と限定することができます。先生はその範囲で出題するし、生徒はそこを重点的に勉強して当日に備えます。

しかし、大学受験はどうか？　と言われれば、そんな狭い範囲は指定されていない。小学校から高校3年までの全カリキュラムが、出題範囲になっている。

一つの問題の中で、「問1」は高校1年の1学期程度の問題、「問2」は高2の3学期の範囲、「問3」は高3の2学期……なんて具合に、いろいろな問題が交ざって出題されているのが普通、「だから厄介」と思うかもしれません。

でも逆に言えば「問1」は高1の1学期程度でも答えられる、「問2」は高2の3学期レベルでOK、と言うこともできるわけです。

いま高校3年生に上がったばかりの学生が、この問題を解くとしたら……「問1」と「問2」は解答が可能ですね？　「問3」は、まだ習っていない。

そうしたら……それは後回しにして、きちんと答えられるように準備すればいいわけですよね？

「採点基準が進化する」というのは、実はこれと同じことなんです。

例えば、新しいインフルエンザや病原性大腸菌が流行り始めたとき、それがどんなウイルスや菌でも、最低限、食品衛生や保健を考えるうえで、ここは気をつけておいて間違いない、という「高校1年生レベル」の問題があるはずです。

手を洗う、マスクをする、外出したらこまめなうがい、手を洗いましょう、etc、etc。

実はこの手のことで、かなり多くの菌やウイルスに8割方対抗できる、と聞いたことがあります。8割、つまり「高校1年生程度」をきちんとやっておけば、それだけで合格点がつく可能性もあるということ。

これを押さえておきましょう。

「トラとウマとが再び出合う」

だったら……まず、この高校1年レベルから始めたらいいじゃないですか。さらに、保健所その他の分析が進んで、特効薬が発売されました、ワクチンが開発されました、なんてことになれば、進んだなりの対応をすればよい。

「新手の振り込め詐欺」でも「環境に蔓延する放射性物質の低線量被曝」でも、実は「詐欺全般」「被曝全般」に対応する基礎、一の一みたいな話は、十分に確立された分野があります。

まず外堀から埋めよ、というのが「中級編」の入り口、あえて言えば「中級編」を「初級化」する、前節で言えば「腑分け」のキーポイントなんですね。

まだ特効薬やワクチンは開発されていない……なるほど、そうか。でもそれなら、それなりに予防や養生の基礎を押さえ、それ以上悪くしないようにしながら、いまだ答えの出ていない問題については、

「気に病まずに　意識しておく」

というのが大事です。「特効薬がない、だめだ、治らない」ではなく、どういう特効薬がどう出たら、その段階でどうするか、を冷静に考える。音楽では難しい部分は必ずあちこちに散在しています。それに向き合う音楽家の知恵として「気に病まず意識する」のはとても

大事なポイントなのです。

私は子供の頃、ボーイスカウトというものに入っていたのですが、そこでの標語に「そなえよつねに」というのがありました。これが大事だと思うのです。

前節、模範解答のある問題については、変なトラウマ、苦手意識などを抱え込まず、一つひとつ対策を腑分けして、分別をもって黙々と努力すれば、たいがいのことは解決できる、つまり、

「トラウマを抱えずに、トラとウマとに分かれて走り去れ」

と書きましたが、そうやって正解のある問題は要領よく解いたとしても、正答のない問題からは逃げてばかりいたら、現実社会の問題の大半を敬遠して、不戦敗を続けることになってしまいます。

音楽で言えば、いまだ誰も弾いたことのない難曲の世界初演に取り組むと思ってみましょう。確立された演奏方法はない。自分で工夫していくしかない。

そんなとき、何が頼りになるかというと、まずは自分の過去の経験の蓄積でしょう。それでできる範囲は、段階的に、少しずつクリアしていく。

しかし、本格的に自分の手には負えないんじゃないか？　という問題箇所にぶつかったら、そこで初めて新しい方法を検討しなければならないでしょう。必ずしも時間に比例してサクサクとは進まない。つたない試行錯誤の連続になるかもしれない。

これを、でも「トラウマ」をもってウズクマルのではなく、冷静に認識したうえで多方面から攻略していくのを、僕は、

「トラとウマとが再び出合う」

と言うようにしています。大学院で学生に話すときには「修士論文を病む」とか「博士論文を病む」なんて言い方で話すことが多い。


すでにマニュアルが確立されている、いわばルーチンワークでパパッと「修論」や「博論」をやっつけちゃうのも、できない相談じゃない、可能だよ。

でもそうすると「あいつは安易な方法で仕事をこなすやつ」「器用だけど小物、凡庸」とか評価が定まってくるよ。

少なくとも、先々専門家として食べていきたいと思うのなら、そんな安い仕事で低いハードル越えました、なんて言っても、人事で考査にひっかかってこないから、先々コネを頼るとか、やや違う方向に流れざるを得なくなるから、ちょっと心配だね。


とか。

「中級編」で「問題の腑分け」以降、とりわけ「解答困難な部分」を切り分けたあと、これに立ち向かうことは、「立ち止まり、沈思黙考することを覚える」と言い直すこともできる

でしょう。

とこここに至って「時間に比例して成果が上がらない」状況になるわけですが、それは本当にクリエイティブな仕事をする入り口に立ち始めているということ。

逆に言えば、そんなにクリエイティブでなくても8割の問題は従来型の知識や経験でなんとかなるし、それで合格点はつくんだよ、だから立ち止まるばかりでなく、常に歩くことも大事、陳腐なことがらで手を動かすのを、億劫がってちゃダメだよ、と若い人たちには常々言うようにしています。

この「中級編」の「残り1~2割の難問」をどう考えるか、で、中級編止まりになるか、上級というものがどうつながっているか、目に見えて分かる人生になるか、の分かれ目がでてきます。

8割どうにかなれば、余裕で世の中的には合格です。このとき「残り2割の難しい問題なんて関係ない」あるいは「そんなもの知らない。忘れた」という立場を取ると、それ以上には絶対に進みませんから、まあ、そこまででおしまい、ということになる。

そうではなく、にわかには答えが出ない問題が、実はきちんと存在していること。それをめぐって、常に水面下で考えることを忘れない。そういう努力、伏流水のような精進を、目立たないところで営々と重ねる人が、3年、4年、あるいは5年、10年と結果が出なかったあと、バッと大きな仕事をして花が咲くことがある。

昔々、Tさんという日本人がいました

一つ例を挙げておきましょう。昔々、Tさんという日本人科学者がいたそうです。Tさんは（たしか6年契約の）スイスでの研究員生活で、全く成果が出なかった……いや、中間成果は出るのだけれど、決定的な難問が残ってどうしても最後が出てこない。

そのとき、中間的で安易な仕事でちょちょいと論文まがいを仕上げて、適当な職にトラバーユすることもできたのだけれど、彼はそれをしなかった。

6年の年限がとうとう終わってしまったけれど、でもまだ出ない……というとき、当時の彼の上司がなかなかの人物だったんですね。

だいたい、もう本質的な難問の峠は越えている、というのを評価できたんですね。それで、もう1年、仕事に集中できる予算ポストを持ってきて、仕事を継続させてやった……で、出た。凡打ではなく本塁打が。

これ、バーゼル免疫学研究所で「免疫グロブリンの特異的遺伝子構造」を解明した際の、利根川進さんの研究生活の実話です。

この本塁打で利根川さんは米マサチューセッツ工科大学教授に転進。さらに強力に研究を推進して、自ら創造した分野に数多くの後進を育て、自身も１９８７年のノーベル医学生理

学賞を受賞されたというのは、多くの方がご存じのところと思います。

利根川さんは大変に賢い方で、凡打のような問題はサクサクといくらでも解くことができる。そういうものはさっさと片付けてしまえばよろしい。しかし、洗いに洗って洗い尽くし、削ぎに削いで削ぎ落とした問題の、核心中の核心の大問題に絞って7年の時間、全精魂を傾けて1つの難問に取り組んだ、そして答えを出した。

利根川さんはほかの誰かの指導を受けてこの仕事をしたわけでありません。彼の中の「自分先生」がご指導された。典型的な「自分先生上級編」の成功例と思いますが、では、何をどうすると「中級編」は「上級編」につながっていくのか……？

その最初のヒントが、さきほどの研究職で言うなら「修士論文を病もう」「博論を病みたまえ」といったあたりにあります。

これ、別段サイエンスだけの話ではなくて、僕らの仕事で言えば、ブラームスという作曲家は「第一交響曲」を書き上げるのに20年以上の時間を傾け、43歳の折にようやく初演に漕ぎ着けました。64年の人生の3分の2ほども「第一交響曲」を「病んで」いた勘定になります。

ではブラームスさんは不器用で鈍重な人だったのか？

とんでもない、ものすごく精力的に仕事する人で、今日私たちが「音楽学」と呼ぶ分野の中で、古楽譜の発掘、校訂、演奏法の再確立といった王道中の王道の仕事は、実はこのヨハネス・ブラームス（1833〜1897）一代で確立したと言って、全く過言ではありません。

化け物的に優秀なピアニストでもあり、音楽のあらゆる仕事に凄まじい勢いで取り組むことができた人が二十数年、自分先生が「まだダメ、俺は納得しない」と言って安く流れずにした仕事が、例えばコレなんですね。

では、どうしてブラームスはそういう仕事ができたのか……大きなヒントが「師匠」や「アドバイザー」にあります。

ブラームスの場合は夭折した師匠のロベルト・シューマンとその未亡人であるクララ・シューマン、さらに師匠の親友で、これまた夭折したフェリックス・メンデルスゾーン＝バルトルディといった凄まじく優秀な先覚者たちがあり、彼らに貰った「良問」と、己に義務づけた厳格な「採点基準」が、こうした一代の大業績を生むことになりました。中級から上級への道筋、この次にお話しすることにしましょう。

11 虎と馬を友達にしよう

よく「機を見るに敏」なんて言いますよね。ビジネスチャンスというのは重要なものです。あらゆるスポーツは瞬間のタイミング、反射神経で勝負が決まることが少なくない。

これに対して「石の上にも三年」とか「雌伏十年」なんて言葉もある。こっちは、瞬間的な反射神経とはちょっと話が違いそうです

そういう息の長い話で最終的にサクセスする人もいる。先にご紹介した利根川進さんのケースなどもそうだと思いますし、「商い」は「飽きない」などとも言うがごとし、決してビジネスだって、瞬間風速の反射神経だけでやるものではないでしょう。

これ、芸術だって学術だって、同じことだと思うのです。一つには俊足、足の速い一流があるし、もう一つは鈍足、というよりは腰の据わった一流がある。

ということは、これを指導するのも一筋縄ではいかない、つまり「もう1人の『自分先生』」が必要なのではないか？　と思うのです。

「B級一流」上等？

セカンドベストという言葉があります。これって、現場ではとても大事だと思うんですね。何か仕事上でアクシデントがあった、その場で判断しなければならない。もっと物資も時間も予算もあれば、違うことができるし違うこともしたい。でもそういう余裕がない、というとき、とっさにどう考えるか。

まさに、さきほど触れた「反射神経」の問題になると思います。反射神経が求められるフィールドでは、前節お話しした「高校1年程度で8割合格」の世界が一流を決めると思います。

競合他社と新モデルをめぐって熾烈なビジネスウォーズを戦っているというとき、新製品のために基幹技術から「よっこらさ」と立ち上げ直していたら、それこそ泥棒を捕らえて縄を綯《な》う、商機はすべてどこかに逃げてしまうでしょう。

鮮度が重要な世界では、壊れかけた橋を駆け渡っていくような仕事もしなければならないかもしれません。

そういう、超A級のクオリティーでなくても、B級以下の要素を適切に繰り出して、有限の時間でサクサクと仕事をしていくことを、仮に「B級一流」と呼んでみます。

このB級、ビジネスライクのBと思っていただくとちょうど合うと思います。

たとえば、私は毎週、連載の原稿を入稿しています。出来るだけの努力はしていますが、時間の制約はあります。1本1本何ヵ月も磨きをかけて……とはいきません。毎週1本書かねばなりません。有限な時間の中で一定の成果を挙げる。締め切りに間に合わなかったら記事は公開できません。

タイミングはとても大事です。

芸術の仕事も、腰を落ち着けて取り組むばかりのものか？　と問われれば、実のところそういうものでもないのです。

「指揮者の仕事」術

例えば指揮台の上での仕事を考えてみましょう。リハーサルの時間は45分とか限られています。最初から終わりが見えていますが、出発点は、一度通奏してみないと分かりません。けっこう重症な状況からスタートというのも、難しい現代作品の演奏では全く珍しくはない。

これを、限られた時間、限られたステップで、どうやって、きちんと一流のものに仕上げていくか。しかも、プレーヤーや歌手は機械ではありません。

コンピュータのプログラミングなら一度バグを直したらそれでよいけれど、奏者や歌い手は忘れてしまうかもしれないし、本番で事故があるかもしれない……。

そんなこと考えだしたら、キリがないのです。そういうとき、僕らシェフの仕事は何かと言うと、

「私がここに立っている以上は、絶対に一流の演奏を皆にしてもらえるようにします」

という確信の権化となって、すべて反射神経で処理していく。これに尽きるんですね。台の上で指揮官がうろたえていたら、軍隊だって戦えません。オーケストラやオペラでは、揺れない、ぶれない、フラフラしない、が指揮者の大大大原則です。

……ということは、要するに何があっても動じない、鈍感太郎ってな人が立ってればいいんでしょうか？　……ムリですね。全部を瞬時にキャッチし、ミスも可能な限り把握し、把握すると同時に瞬間的に対策を考え、レスキューの指示を出す。

職業指揮者に本当に求められる仕事は、こういう基礎的な反射神経、80点以上の合格点であらゆる公演をまずもって成功させるだけの地力、実力なんですね。

こういうお話は『指揮者の仕事術』（光文社新書）に、具体的なことをいろいろ書きました。本当は欧文で専門書として書くような内容ですが、出版不況のおりから、そういう本が出ないのです。

そういうとき、ビジネスユースも含めてまずもって新書で本を出しておく、というのも、実は「仕事現場」つまり「B」の知恵だと思うのです。

「B級一流」対「C級一流」？

では、石の上にも三年、利根川先生なら苦節7年免疫グロブリン、ってな仕事は、何て言えばいいのでしょう？　A級？　僕はこれ「C級一流」と呼ぶといいと思っています。

2年経っても3年経ってもちっとも成果が上がらない。でも営々とそれに取り組んでいる……そういう仕事のあり方が、今日は本当にどこの現場でも存在しにくくなってしまいました。

場合によっては「オタク」と呼ばれたりもしながら、しつこく一つのテーマを追って執拗に5年も10年も頑張っている。

その結果、幸運にもホームランが出て報われた、そういう一流の仕事は「C級」つまり「クリエイティヴ Creative 級一流」と思うといいだろう、そういうことです。

で、僕のお勧めは、このB級一流とC級一流、2人の「自分先生」を飼っておくと、いいんじゃないかなぁ、と思うんですね。

日々の仕事はぱっぱかやっつけてゆかないと、机の上にたまっていく一方です。B級自分先生の整理能力が役に立つでしょう。反射神経でサカサカやっていく。

このところ僕は、福島─東北大震災の創造的復興という仕事の一端でお手伝いするようになりましたが、こういう仕事は短期集中、スタートダッシュがとても大事な部分があります。いつまでものらくらとやっていては仕事にならない。もしかするとセカンドベストかもしれないけれど、限られた時間内にできる限りのベストを尽くす。これを旨として今日もいくつか仕事しました。

と同時に、すぐには答の出ない問題もある、としっかり胸に秘めておいて、そういう仕事への対策を、これまた少しずつ、でもできるだけ毎日、精進しておく、というのも、大事だと思うんですね。

例えば、大規模な作品の演奏を考えるなら、準備は1日や2日じゃできません。数ヵ月から場合によっては数年毎日忙しいですが、すこーしずつ譜読みとか練習とか、陰徳を積んでおかないと、いきなり仕事はできません。

そういうバランスを1日、1週間、1ヵ月の中で、どう按配できているか。これがきちんとできていると、1年、3年、5年、10年と経つうちに、確実に大きな人生行路の開きが出てきます。40歳も過ぎる頃には、かなり歴然と見えてくるものがあるでしょう。

そういう「近眼めがねの自分先生」と「遠視めがねの自分先生」、どうしてもこの2人とも人生には必要だと思うのです。

トラとウマとは……？

中学、高校時代、苦手な科目で不得意意識を持ったまま、うまく対処ができなかった頃の自分は「トラウマ」を抱えてウズクマッていたと思います。

それじゃダメだ、分別してサクサクとやった方がいい、と教えてくれたのが、先にも触れた浅田彰の『構造と力』でした

トラウマを抱えてウズクマル→「トラとウマとに分かれてハシリサル」（坂田明）。ちなみに坂田明氏はモダンジャズのサックス奏者、疾走する彼のプレイに大いに憧れ、坂田さんの演奏する山下洋輔トリオの演奏コピーなどもしたものでした。トラウマを抱えてウズクマルのではなく、もっと冷静にトラとウマとが再び出会うことが必要だろう、これが「中級」でした。

変に気に病む必要はない。いや、むしろ変に気にすると、仕事自体がうまくいかないことが多い。しかし問題は問題として明確に存在を認識し、いい加減にしない。

8割の、すぐに処理できる問題は、サッサカやっつけてしまおう。

これは初級編と同じです。しかし残り2割については、すぐに解決はできずとも常に存在を意識し、もし対策が立てられるのなら毎日少しずつでもいい、陰徳を積み続けるかどうかで、5年、10年経つと全然、その先の人生も違ってくる。

そういう意味で、「トラウマを抱える」→「走り去る（初級）」→「再び出会う（中級）」を経て、

「トラとウマとが手を携える」

というのが、上級編のスタートラインと思うのです。

12 最初の師匠が未来の大半を決める

これは、お名前を挙げれば多くの方がご存じの、とあるトップ・ビジネスプランナーに伺ったお話です。

「出世する人」には共通の特徴があるか（？）という質問を、同席していた編集者が彼にぶつけたのです。

「まあ、そういうものはないですね……」という笑い話になったのですが、しばらく経ってから、ふと真顔になって「……そう言えば」と言われたことがありました。

「……こういう人が出世する、というのは、ちょっと思いつかないけれど、いくつかの企業で、実際に伸びた人のプロファイルを調べてみると、ある共通の特徴がありまして……」

――どういうことですか？

「最初に配属された上司が特定の人だった、という人材が伸びているケースがある。人を伸ばす課長さんがいる、ということですよ」

……ざっとこんなやり取りがあり、大変興味深く思いました。

小さな習慣が大きな収穫を決定する

これはつまり、こういうことです。A社という会社について20年、30年と発展の推移を追っていくと、大きな業績を上げた人が幾人かいる。

各々、キャラクターも成し遂げた仕事も全く違うのだけれど、共通点として、会社に入って最初に付いた課長さん、あるいは係長かもしれません、何しろ「最初の上司」が同じ人だ、というのですね。

これ、「常務派」とか「専務派」とか、派閥の人脈ということではないのです。もっと小さな、言ってみればつまらないことが大事だ、というのがポイントで、ビジネスの最初の礼儀作法、毎日の生活習慣を教えてくれた、いわば会社での「兄貴」「お父さん」によって、伸びる人材がつくられていくのかもしれない、という、そういう話です。

例えば名刺の出し方ひとつにしても、あるいはもらった名刺の分類整理法、電話のかけ方、応対のちょっとしたこと……どうでもよさそうに見える、そんな小さな積み重ねの延長に、実は大きな差が開いてくる……そんな話になりました。

そういう「生活習慣」に悪い癖をつけてしまうと「生活習慣病」になってしまうだろうし、よい癖を持っていれば、芸は身を助くではないですが、大きな力にもなるでしょう。もう一つ重要なことは、「癖」というのはいちいち考えていない生活の部分、いわば毎日の「死角」でもある、ということです。

アタマを働かせている部分なら、改善のしようもあるでしょう。でも、考えもしないような小さなことだからこそ、ありとあらゆる局面に、大きな影響を与えてしまうのだと思います。

師事とはなにか?

音楽で言うと、これはもっと顕著です。「だれそれ氏に師事」という、クラシック音楽業界で言うところの「師匠筋」というのが、実はとても大事なのです。ですが、これを何か派閥であるとか、人脈と誤解されると、とてももったいないことになってしまいます。もっとこれには中身があるんですね。

僕の子供時代からの作曲の師匠は幾度も名前を出しますが松村禎三という人で、一門は「松村門下」という呼び方で自分たちを認識しています。

松村先生は東京芸術大学作曲科教授を務めておられたので、松村門下には芸大で指導を受けた方も少なくありません。しかし地縁血縁で学校以外の縁を松村先生と持った人もいる。

実質的に最初のお弟子と言っていい作曲家の肥後一郎さんは、僕は御面識がないのですが早稲田大学ご出身のビジネスマンでもいらっしゃったそうですし、芸大での一番弟子格の高橋裕さんは、お父様が松村先生に和声学の手ほどきをした御縁があり、子供時代から家族同様の環境で育たれたそうです。

そんな中で僕はかなり特殊な方で、訳も分からない中学生時代に先生に手紙を書いて、では会ってみよう、と言って頂いてからの内弟子で、大学で指導を受けたことはなく（芸大のレッスンはモグリにおいで、と早くから呼んで頂きましたが）、オフィシャルにはどの音楽大学でも1単位も貰ったことはありません。

と同時に、「来週は水上勉さんの〈五番町夕霧楼〉の舞台あわせがあるから、手伝いに来なさい」などと電話を頂き、三越劇場だなんだと現場に随行して、細々とした仕事の実際をそこで盗ませてもらいました。

逆に芸大で先生から単位をもらった人は、たぶん内弟子扱いで三越劇場に連れて行かれたり、帰りにサウナで先生の肩を流してから新宿に飲みに行くお供、なんて経験はないでしょう。

というのも、いま僕自身大学教官をしていて、学校で担当する学生にそんなことはさせられません。30年前はそんな言葉はありませんでしたが、いまならパワーハラスメントなどと言われるのが落ちでしょう。

僕は大学や大学院でもサイエンスを学びましたが、自分が仕事にしている本当の専門は、実は一つとして学歴を持っていません。音楽はすべて、コンクールと賞、それとたたき上げの現場修行しかしたことがない。

と言うのも、音楽は理屈ではなく職人仕事だから、そうやって身につけるしかない、と早くから言われていたからで、親戚に音楽家が多い環境からの結論は「学校は関係ない」というものでした。

「ホトトギス」が生み出したもの

……と、こういう話をここまでで切り上げてしまうと、何か大変な誤解を生んでしまうことがあるのです。

誰それ先生に師事した、それはすごいですね〜などと、肩書きだけの権威主義と誤解されてしまうと、今回のお話の趣旨と180度逆行してしまいます。

繰り返しになりますが、松村という人は彼自身、実は旧制第三高等学校つまり京大教養部理科の出身で、東京芸術大学の前身、東京音楽学校に進学の予定が、肺結核のために清瀬村の療養所入りの生活となって7年ほど死線をさまよい、26〜27歳になって社会復帰した経験を持っていました。

京大生だった彼は両親を失って、着のみ着のまま、紹介を頼って東京の池内友次郎宅に居候の身となります。

池内友次郎は当時、東京音楽学校教授、つまり受験生が志望校の教授宅で、毎日内弟子として個人指導を受けながら勉強していた格好です。

いまなら「不正だ」とか下らないことを言う人もいるかもしれませんが、何と言っても終戦直後で食べるものはもちろん住む家もない時代、才能を見出した若者を書生として家に置いて勉強させるのは、ごくごく普通のことでした。

池内という人はなかなか器量のある人物で、これは父親譲りの「生活習慣」なのかもしれません。彼は旧姓「高濱」といい、お父上は歌人として知られた高濱虚子です。

浮浪児同然だった松村先生は、高濱虚子の次男坊の家に寄食して音楽を学び、また肺結核で病院に入らざるを得なくなってからは、楽器や譜面に向かえない時期、師匠から俳句を学んで過ごしました。

池内という先生は「要は勘がいいかどうか、です」と、少年松村に教えたそうです。

若くしてパリに留学した池内は、ドビュッシー、ラヴェルといった人たちの音楽思想を範とする新しい楽派を戦後の日本で開き、東京芸術大学教授として矢代秋雄、尾高惇忠《あつただ》、川井学といった俊英を育てました。

が、それと同時に、芸大の外でも内弟子を数多く育てられ、三善晃、別宮貞雄、松村禎三など20世紀後半、日本の芸術音楽を支える主要な人たちを、学校の枠組みの外で育成しました。そう、大学で何単位もらう、なんてどうでもいいことです。

その大本に、僕は、池内のお父上、高濱虚子が主催した雑誌「ホトトギス」の発想があると思っています。ホトトギスは歌誌です。しかし、虚子は歌のみならず、様々なジャンルの文学作品を、厳しい鑑識眼のもと、しかし大胆自由にプロモートしていきました。

英国留学後、精神的に疲れ果てていた虚子の友人がいました。彼を励ますため、英国文学の翻案ではないけれど、「何か小説でも書いてみたら?」と、ホトトギス誌上で薦めて書かれたのが「我輩は猫である」、夏目金之助の30代末になってからの処女作です。

これがなければ漱石という作家も、彼の小説群も一切生まれておらず、日本近代文学史は全く違う横顔を見せたに違いありません。虚子は小説を多く書かなかったけれど、文学史を決定的に一歩進める、プロモートする役割を担いました。

その息子である池内という人も、父親とよく似ていると思うのです。

ご本人はそんなに多く、創作作品を遺してはいません。しかし池内の存在がなければ、矢代(秋雄)も三善(晃)も松村も、池辺(晋一郎)も福士(則夫)もいまの形では存在していない(芸術音楽の屋台骨を支える日本人作曲家を挙げています)。

こういう「師匠筋」は、日本舞踊の名取みたいな、権威主義と全然違うものだということを、強調したいのです。

ピアノの前に座る。そこで一つ鍵盤を押す……ここまでなら、猫でもできるかもしれません。下手に子供が触るより、猫の方がきれいな音を出すかもしれない。で、そこに2番目の音をどう置くか……その、本当に小さなこと。そこで、ほとんど99%の勝敗が決まってしまう。それが僕ら芸術音楽の世界です。

未知の状況で師匠ならどう考えるか?

父・虚子に学んだ俳人でもあった池内は、そうしたマイクロな出来事を凝視するような「耳を持つ」ことを教えたようです。

「……ようです」というのは、僕自身は生前の池内先生に直接習う機会がなかったので、松村を通じて「池内先生は……」と聞かされたところに従うしかないからなのですが。

「耳がよい」かどうか? ほとんどそれだけが問われました。また、そこは恐ろしくシリアスに、時に残酷なほど、子供であっても一切容赦なく、ギリギリいじめられました。

「こんな鈍感な音を書いて……」とか「そんな汚い音を出して……」とか、まるで蔑むみたいにゆがんだ表情で、どれだけイジメられたことか……今思い出しても、松村のおかげで10代の僕がどれほど屈折したか、文字で書き切ることなどできません。

と同時に、そんな具合で半ば神経症的になりますから、見るもの聴くもの、あらゆる細部に対して、いったいどうすればいいか、をオソロシク肌理《きめ》細かに感じ考える習慣がつきます。

何か、未知の状況に接したとき、師匠ならどのようにそこで感じ考えるか……そこから出発して、自分なりの手作りで、すべてをどこまで肌理細かに完成しつくしていけるか……それが問われました。

と同時に、松村はこの肌理の細かさと並行して「この本を全部読んですべてマスターしなさい」と、電話帳より分厚いテキストをポンと渡すようなこともする人でした。

これはつまり、莫大な分量を、常識はずれの細かさでマスターしろ、というわけで、カリキュラムなんかには決してできません。

でも「三越劇場」みたいな現場で、あれこれ資料など見ずに、その場でサッササと何でも処理している松村を見れば、できて当たり前なのだろう、とこっちは子供でしたから錯覚します。

で、まあ、むちゃくちゃな勉強を10代にすることになる。そうやって育ててもらった。いま大学教官をしていてつくづく思います。こんなの、学校では無理。不可能です。

松村はしばしば怒りました。「殴るぞ！」と言われたことも数え切れません（が、一度も殴られたことはありませんでした）。

10代、20代の結核療養生活で肺の4分の3を切除してしまった松村は、体力が強い方とは決して言えなかったと思います。その分、普通でない気力の強さで、一切値引きなしに、まるで挑みかかるように吠えかかってくる。

こんな師匠に、子供なりにも持っているプライドをズタズタにされながら、この野郎こんちきしょうと思いながらついていく。そうやって音楽家としての日常の生活習慣を芯から叩き込まれました。

私は松村に学びましたが、松村自身も学校で音楽を学びませんでした。また松村の師である池内や伊福部昭も音楽学校で教育を受けた人ではありません。言ってみれば、代々「自分先生」に伸ばしてもらう音楽の伝統を受けついだのかもしれません。

13 師匠を選び仕事を選ぶ

いきなり話が変わるようですが、ノーベル賞の受賞者を多数並べて見てみると、いくつかの研究グループの系列が見えることがあります。つまり、ある研究室の教授と、そこで学んだ元学生、さらにはその下で学んだ孫弟子……といった人々が、ノーベル賞の栄誉に輝いている。

お稽古事の名取ではない

こうしたことをお話しすると「やっぱりいい先生のお弟子じゃないとダメなのね」といった反応を頂くことが、日本国内では多い気がします。ことこれがノーベル賞ではなく、音楽のレッスンなどであると、さらにその傾向は顕著です。

……何々音大に入りたい。そのためには何々音大のナントカ先生の個人レッスンを受けるのがいい。そのレッスン料は毎回いくらで、1ヵ月当たりこれくらいのお金がかかって……

なんて具合に「お稽古事」はお金で物事を判断することが、現実問題としてありますね。率直に言いますが、これが日本のガンだと思っています。どういうことか？

逆に考えてみてください。例えば上に書いたのを、

……何々医大に入りたい。そのためには何々医大のナントカ先生の個人授業を受けるのがいい。その謝金は毎回いくらで、1ヵ月当たりこれくらいのお金がかかって……

と書いたら、これって通常の受験に見えますか？ 裏口入学とは言わないけれど、日本社会で一般に認められている受験を巡る倫理と、明らかに違うことになってはいないでしょうか？

「芸術は、一般の勉強とは違うから……」

とか言わないでください。僕自身がその道の教授業を10年来続けている張本人ですから（笑）。

もちろん、音楽伝統の伝授は個人単位が基本であることは言うまでもありません。はっきり言ってしまえば、大学入試うんぬんは、最も決定的なことではない。

僕らの専門では、前回も書いたように、たとえば池内友次郎のお弟子で矢代秋雄さんのように東京音楽学校で学んだ人もいるけれど、三善晃さんは東大仏文卒、別宮貞雄さんは東大理学部物理学科で40年ほど先輩に当たり、僕の師匠・松村禎三は旧制三高（京都大学教養部）理科と学校は様々です。

先に書いたカラヤンやバーンスタインのみならず、カルロス・クライバーも化学出身、日本に目を転じても朝比奈隆さんは京大法学部といった具合で、要するにどういう先生に学び、どういうキャリアを築いてき、いまどういう音楽ができるの？ という、実質本位の世界で、肩書きは二の次に過ぎません。

そういう僕ら芸術の世界はそれとしてさておき、ここでは世の中一般の問題を考えてみます。

形骸化の極みにある日本の学歴社会

先ほどの受験に関するサンプルの文章もう一つ、こんなふうに変えて書いてみたらどうでしょう。もしも、

……東京大学に入りたい。そのためには東大のナントカ先生の個人レッスンを受けるのがいい。そのレッスン料は毎回いくらで、1ヵ月当たりこれくらいのお金がかかって……

なんてことがあったとしたら？

かれこれ13年ほど東京大学のスタッフをしてきて、断言しますが、仮にこんなことがあったら、大変な社会問題になってしまう。教授辞職程度では済まないでしょう。

そのナントカ先生はもとより、ナントカ先生の所属する部局長も相当の処分を免れない。学長以下、執行部は減給程度では済まない可能性がある、大問題になるのは目に見えています……これが大学学部入試であれば。

いま最後に書いた「大学学部入試であれば」というのが、非常に重要なところです。というのは、大学院であれば、上の事柄から金銭のやり取りを除いた範囲までは、極めて当たり前な現象で、どこでも誰でもやっていることにほかなりません。

……東京大学の大学院に入りたい。そのためには東大大学院のナニナニ先生の研究室を訪ね、個人的に研究テーマのことなど相談をしておいた方がいい……

のは、ごく普通に目にする風景、当たり前のことに過ぎません。

さて、ここで仮に、

……で、東大大学院のナニナニ先生と1回会うには、面会料は毎回いくらで、1ヵ月当たりこれくらいのお金がかかって……

なんてことになると、話は大いに変わってきて、またしても処分の対象になるかもしれませんが、部局長や学長まで累が及ぶことはまずないでしょう。その、金銭の授受をした教員本人が処分されることは大いにあり得るところですが。

ここで振り返って、では、

……東京大学に合格したい。そのために東大のナニナニ先生の研究室を訪ね、個人的に研究テーマのことなど相談をしておいた方がいい……のかな？

という問いが可能になるでしょう。私の答えは、「大歓迎」です。つまり、東大を受験したいという高校生は、実際に東大を事前に見に来て、また教員とも会って話をしてみたりしてほしい。

よく分からない東大イメージだけで受験など、逆にしないでほしい。もちろん僕らも忙しいので、いきなり押しかけられても困りますが、オープンスクールや高校生向けの行事も大学として行っています。でもそこに、どれほどの数の受験生、高校生がやって来るか……ほとんど来ないと言ってよい。

つまるところ「東大合格」というレッテル、中身のない形骸化した学歴が一人歩きしている。これを大変望ましくないと思っているのですが、この問題もまた奥が深いものですので、別の機会に取り上げたいと思います。

いろいろ、音大やら東大やらに迂回しましたが（この二つについては僕自身が内情に即して一定お話しできるので挙げたものですが）最初の「ノーベル賞」に戻りましょう。

……ノーベル賞級の研究がしたい。そのために受賞者のナニナニ先生の研究室を訪ね、個人的に研究テーマのことなど相談をしておいた方がいい……のかな？

と問うなら、当たり前のことですが、いいに決まっているわけです。研究室を訪ねなくたっていい、国際学会その他、彼・彼女が登場する場に赴いて、先生のところで勉強したい、と申し出てみれば、何らかの反応をしてくれること、間違いありません。

誰それと連絡を取ってください、どこそこのオフィスに資料があります、etc. etc.。そういう、当たり前のアカデミックなマナーというものが、日本では、社会一般はもとより、大学・大学院組織にも、しばしば欠落しているように思います。

良問と出合っているか？

話を最初に戻しましょう。

ノーベル賞受賞者を数並べて見てみると、いくつか研究グループ系列が見えることがあります。ある研究室の教授と、そこで学んだ元学生、さらにはその下で学んだ孫弟子……といった人々が、ノーベル賞の栄誉に輝いている。

例えばデンマークの生んだ天才的な物理学者のニールス・ボーアは量子力学建設の父と言うべき人物で、彼の率いる通称「コペンハーゲン学派」はグループ全体として膨大な業績を上げました。

ボーアの盟友マックス・ボルンの提唱した「量子力学の確率解釈」は大いに物議をかもしましたが、今日に至るまで地上に存在する最も正確な物理理論をしっかりと支えています。

ボルンが指導教官として数学の面倒を見たヴェルナー・ハイゼンベルクは、新しい「行列力学」の創始者となりました。言うまでもありませんが、ボーアもボルンもハイゼンベルクも、超ど級と言うべき大物ノーベル物理学賞受賞者です。

どうして特定の学派からノーベル賞受賞者が出るのか？

答えは非常に明確で、

「ノーベル賞で評価されるクラスの大問題に、きちんと答えを出しているから」

というだけのことに過ぎません。別段コネで賞が出るわけじゃない。まず、解けば確実に絶大な意味を持つ「問題そのもの」に、ピタリと照準が当たっているか、否か？　そこがそもそもの出発点になるわけです。

「これを解けば確実にノーベル賞の2〜3個は降ってくる」という第一級の重要な問題、それ自体をきちんと設定できているか？　という部分、これが世界各国で、しばしば怪しい現状があります。

別段ノーベル賞など、ただの賞ですから、どうでもいいと言えばいいんですが、とりわけ自然科学系の3賞では、国際的にこれは重要と認められた、確立された大問題が問われ続けています。

落ち着いた歴史的な科学成果というのは、山師みたいに「よっしゃ、どっかで一発当てたろか！」と狙うようなものでは、全くありません。

そうではなく、落ち着いた科学の積み重ねの中で、多くの先達が取り組み、あるいは成功し、あるいは失敗してきた問題群の中で、これが解決できれば画期的、といった重要な課題のターゲットが、実は非常に多くすでに存在しているわけです。

例えば日本あたりで、ちょっと科学の心得がある、という人が「よおし、ひとつノーベル賞級の業績を上げてやろう」（あるいは「上げさせてやろう」と予算措置するお役人や政治家も含め）なんて考えても、なかなかそうはいかないのは、ピントが外れているからです。

どういう事柄が問題になっているか？　それをどう解決すれば、どの程度のインパクトがあり、どれくらい学界や社会全体にプラスの影響が出るか？

すべて、具体的にきちっと分かっている人が、優れた仕事をしています。

常識を覆すような大業績は存在します。そして、そういうものに限って、既存の問題をよく理解し、それらすべての落とし穴を潜り抜けた、透徹した思考と取り組みで成し遂げられている。

アルベルト・アインシュタインの相対性理論（はノーベル賞の受賞業績ではありませんが）は、一面大変に常識外れでクレージーにも見える仕事ですが、既存のアプローチの拙劣な点を巧みに回避して、考えに考え尽くされて提出されている「クレージー」にほかなりません。

思いつきで、何かやってみても、無理なのです。と言うのは、世の中には賢い人はたくさんいて、ちょいと素人が思いつくようなことは、たいがい先人によって探査され尽くしている。あとにはペンペン草一本生えない、ってな状況になっていることが、普通なんですね。

これは科学でもそうだし、私たちの芸術の世界でも全く同様です。学生が思いついて何かやって、もし自分が独創的だ、なんて悦に入っていたら、まあ100％不勉強のおかげで幸福な錯覚に陥っているだけで、何十年も前にとっくにやり尽くされたことを、下手になぞっているのが大半です。

では、どうやってそうした「先人の二番煎じ」を避け、本当にオリジナルな仕事をすることができるのか？

具体的な詳細は、次節以降記すことにして、ここでは第一に、

「師匠や先輩との出会い」

そして

「問題設定との出合い」

が決定的に重要、というところを強調しておきましょう。

「これを解決すれば、間違いなく、つまらない二番煎じなどではなく、独自の業績になりますよ」という、精選された問題が、大学（とりわけ理科系）の研究室で、卒論や修士のテーマとして与えられる課題になっている。

こういうことの意味を、もっと学生自身が自覚するといいと思うんですね。

以前「文理融合組織」なるものの大学院入試に関わって、志願してくる受験者が「研究計画発表」のプレゼンテーションをするのですが、これが「不勉強に起因する二番煎じ」以下

のオンパレードで、参りました。

受験生諸君が示す症例は二つに分かれました。

・第1は、とっくに解決されていて、何の価値もない問題。
例えば「楽器の音色のナゾを探る」みたいな話をされても、それはあなたがおうちで勉強すれば大半のことは分かるはずで、大学院で「研究」するような対象ではありません、というようなタイプ。

・第2は、そもそも解くことができず、追究する意味のない「偽問題」。
「人間にとって心地よい音とは何か？」みたいなことを言う人。そんな退屈なモンが分かっていたら、こっちは音楽なんぞやってられねーよ、と思いながら、下調べの不足した若い人の発表に付き合わされるのは、なかなかの我慢大会でした。

大切な相手に会う予定が決まったら……

そうそう、そう言えば、僕も何だかんだ30年近く芸術屋の看板をさげて仕事してきましたが、大学院の研究室を訪ねると称して、僕の作品や演奏の一つも聴かず、知らず、あるいはペーパーや書籍なども一つも読まず、何か勘違いしてやって来る人もあり（こういうケースは非常に頻繁にあることで）、すべてスルーさせてもらっています。

誰でもいい、大切と思う人に会うのだったら、つめの先程度でもいい、準備してから本人に連絡したり、アポイントメントを求めたりするものでしょう。

僕など、対談の話が来てお受けすることにしたら、手に入る限りの著書は一通り目を通して、メモなど見ずにもお話しできるようになってからでないと、恐ろしくて人に会えたものではありません（まあ、お目にかかる相手がスティーヴン・チューとかアマルティア・センとか、大きな仕事をした人であるケースが多いからでもありますが）。

……って、実はいまここで、前回今回とお話ししたことの実例を、お目にかけているわけです。誰か大切な方とお話しすることになったら、その人について必要な、手に入り得る限りの資料に目を通して、ソラでも言えるようになってから会う。こういう習慣を身につけたのも、実は音楽の仕事で叩き込まれた基礎にほかなりません。

これ、ビジネスだって同じことではないでしょうか？

大切な得意先に会う、というとき、相手の情報を全くスキャンしていかないで、仕事の話で僕のところに来る人がいます。僕の本で興味を持って、音楽無関係に来る仕事を100％お断りするのは、こういうところに由来するわけです。

そんなことしなければ、もっと売れてお金は儲かるかもしれませんが、本来の音楽の仕事ができなくなりますので、謝して一切お断りするわけですね。

あるいは、何か情報を調べても、上の空だったり、メモやらノートやらひっくり返して、ちっとも身についていない人。

これじゃ、かえって逆効果でしょう。

僕の場合、こういう「仕込み」は、指揮者の修行で叩き込まれました（特に、本当に細かな所作、一挙手一投足まで教えてもらったのは、アシスタントとしてお導き頂いた大野和士さんに負うところが絶大でした）。

指揮台の上で、必要なことを把握してない、なんて、問題外ですが、仮に分かっていても、楽譜首っ引きで、腰を折ってちまちま調べてたら、その瞬間、どれだけの楽員から「こいつ分かってねーな」と（仮に誤解であったとしても）信頼感を失うことか。

「一通りの完全暗譜、体に叩き込み、反射神経で処理できるところまでマスターしておくこと」

そういう最低限の癖をつけてからでないと、人前になぞ恐ろしくて、とても台に乗るなどということはできない。

逆に言うと、一つ仕事を引き受けるということは、膨大と言っていい分量の、小さな準備に、相当の長さの時間と労力を食う、という認識の下、自分のキャパシティで可能なものは引き受け、そうでないものはお断りする、というモラルをも、求めているわけです。

そして、こういう「きちんと準備する」という「問題設定」もまた、筋の良い方法を、優れた師匠や先輩から伝授してもらうこと、つまり、

「優れた師や先達と出会い、筋道の良い問題設定を知ってそれを身につける」という基本そのものにほかなりません。

こうした一の一、決して学術や芸術だけでなく、人間社会の非常に多くの局面に、共通するものがあるように思います。

さて、では「良い師や先輩に出会い、筋の良い問題設定も知った」としましょう。でも、これって、正しい入り口に立っているか？　というだけで、実際にそこから先に進むのは、自分自身の足であるはずです。

大切なことをひとまずすべて身体に入れてなじませてみる……音楽家なら当たり前の、こんな生活習慣、実は世の中のさまざまな分野で生きるのではないかと思うのです。

14　狙った的は確実に射落とす

平家物語に伝えられる那須与一《なすのよいち》の「扇の的」の逸話を考えてみたいと思います。このお話、「屋島の戦い」で那須与一が扇を射落とす「和製ウイリアム・テル」みたいな英雄譚ですが、昔は誰でも知っていたものです。ところが最近学生に尋ねてみたところ、記憶に自信がないという人もいて、世代が変わってきたのだなと、変なところで感じたりしました。

屋島の戦いと「扇の的」

お話を振り返るところから始めましょう。

大河ドラマ「平清盛」では、清盛が主人公ですから、彼が没した後の「平家物語」のストーリーは描かれないのかもしれません。

「屋島の戦い」は平家物語の中でも大詰めに近く、そのあと壇ノ浦にて一族滅亡の悲劇で幕を閉じます。那須与一が活躍する「扇の的」の逸話は、平家物語全体の中でも最大の見せ場の一つと言っていいでしょう。

ここで源義経率いる源氏の精鋭と迎え撃つ平家の大群、「屋島の戦い」の全体は別の機会に譲りましょう。

昼間の激しい戦いが一段落した夕刻、両者が睨み合う中、貴族趣味が目印の「奢る平家」は美女の乗る一艘の船を仕立て、両者が睨み合う間の海に漕ぎ出させました。

小船の上には、棹の先につけられた赤い日輪の扇が一つ。この扇を的に射落としてみよ、という平家側の源氏への挑発行動です。

大将義経はまず、弓の名手畠山重忠に射手を命じますが、これを射落とし損ねては源氏の名折れ、より弓に優れた下野国、那須十郎を代わりに推薦します。

しかし那須十郎も戦いで得た傷が癒えずコンディションが十分でないとして、自分の代わりに弟の与一を推薦します。「与一」とは「十にあまって一」つまり11男ということですね。昔のことで、多産系だったようです。

まあ、言ってみれば重い業務を押しつけられそうになり、たらい回しの末に責任を引き受けることになってしまった十一男の与一君。こういう局面は21世紀の日本にもいろいろありそうですね。

ここであれこれ考えず、よし、ひとつバカになってやってやろう、とココロを決めたのが男度胸というものでしょう。

どうせ昼の戦いで死んだかもしれない身、明日の合戦も分からない。たまたまいま生き残っている。もし失敗したら、腹のひとつも掻き切って、源氏の武士の心意気、みんなに見せる晴れ舞台、くらいに思い捨て……ここから先が大事です。

与一君、愛馬にまたがると、しずしずと海の中に進んでいきました。

おもむろに鏑矢を弓につがえると「南無八幡大菩薩」、念じるとともにぱぁーんと鏑矢を射る、射った鏑矢はきれいな弧を描いて吸いつけられるように扇の柄に当たり、矢は海にまっすぐ落ちていく。

夕日に照らされる屋島の海に、ひらりひらひら、ゆっくりと落ちていく赤い日輪の扇……。

まさかと思われた扇の的への命中、源氏平氏とも「おおーーー」っと大歓声が上がる……この続きもありますが、まずは、こんな物語というところまで、おさらいしておきましょう。

ちなみに、この物語はあくまで軍記物で史実かどうかは分からず、那須与一という人物が本当に存在したかどうかも、定かではありません。

フリーキックと扇の的──方法の選択

与一の逸話を聞くたびに、思い出してしまうのは、どういうわけかサッカーなのです。もっと具体的にはフリーキックですね。

特にゴール前でのファウルとなると、両チームのメンバーはもちろん、スタジアム全体が固唾を呑んで見守るキーパーとの一騎打ち。矢がボール、的がゴールという以外、与一の逸話と状況はとても似ているように思われます……が、一つ、大きく違うところがあります。

サッカーのフリーキックでは、蹴るべきボールの位置は、ファウルしたポイントに決まっている。相手のキーパーは様々です。百戦錬磨の相手の裏をどうやってかくか、心理的な戦いの側面も強いでしょう。

さて、屋島の戦いですが、扇の的の逸話は史実かどうか分かりませんが、少なくとも夕方の海です。凪いではいても風は吹き、海面も揺れ、状況はなかなか難しかったに違いない。しかし与一には一つ、選択の自由がありました……馬です。自分の馬に乗り、海の中とはいえ、自分にとってのベストポジション、また風や波の動きを見て、最も有利な「矢のスターティングポイント」を選ぶ、巧妙に考えるだけの自由の幅があった。

この部分を指摘する話を、ほとんど見たことがないように思うのです。まあ、うがったといえばうがった話かもしれません。

しかし、ゴルフでもなんでもいい、競技を考えるなら、ターゲットが決まっているとき、自分のスタンディングポジションを自由に選べるとしたら、それは一つの圧倒的な有利につながりますよね？

つまり「方法」選択の自由があったということです。

ターゲティングとソリューション

　ということで「ターゲットと方法」という二つのキーワードを、那須与一さんやら扇やらの例えを出して、ちょっと寄り道をしながら確認してみました。

　前に「師匠との出会いが大事」というお話をしましたが、それは人脈とかコネとか、そういうこともないとは言わないけれど、良い問題設定に出会えるか？　が重要だよ、というのがポイントでした。

　有効な問題設定、これをいま仮に「ターゲティング」と呼ぶことにしましょう。つまり攻略目標を決める、ということです。

　目標が定まらなければ、仕事はなかなか進みにくい。これを「ノルマ」とか言ったりすると、ちょっと違ってきてしまうので、あくまで「ターゲット」つまり「的」と言っておくことにします。

　攻略目標が定まれば、次に問われるのは「攻略法」つまり「方法」です。これを解決できれば大きな戦果になる！　というターゲット、これを知る人は、そこそこの人数、いるでしょう。

　前回も触れたノーベル賞など分かりやすく、例えば「人工幹細胞の技術が確立できたらノーベル賞モノだ」なんて言うだけなら、誰にでもできることと思います。

問題は、それをどうやって実現するか、つまり方法、ソリューションが問われることになる。良問に出会うとともに、ではそれを、どうやって解決すればよいか、という、より具体的な手順が問われてくる。

同じ問題を解くのでも、それまで誰も、想像だにしなかったような、鮮やかな解決法、ソリューションを与えれば、スマッシュヒットになりますね。

那須与一の場合はどうだったか？　よくも悪くも「良問」というか、平氏源氏の大群の全員が見ている檜舞台として「扇のターゲット」が設定されてしまった。

上司が逃げた。兄貴も逃げた。俺のところにやって来た。この課題に取り組むか、取り組まないか、つまり「ターゲティング」として引き受けるか否かが、彼の一つの選択でした。で、与一はこれを引き受けた。

課題が設定されたら、次は何かと問われれば方法です。というか、こういう思考経路で物語を追っていけば「弓矢の天才那須与一ぱぁんと矢を射るとそれが的に一直線……」という講談師みたいな単純な話ではなく、さてどうするか、と方法を考えるに違いないと思うでしょう。

で「馬」「スタンディングポジション」なんてことを考えたわけですね。

だって、ここで不用意に矢を射て的を外したら、それこそ全源氏の名折れ、物笑いになるのは必定です。できるベストを尽くしたに違いない。

このベストというのは、あらゆる私情や心の動揺、その他の邪念を去って、マシンのように正確に、風を読み、波を読み、あの扇の的にこの矢を確実に当てるにはどうしたらいいか、だけに集中して、これまたバカになって、慎重果敢に方法を検討、よし、ここまでやったらこの先は運を天に任すしかない！　となって初めて、

「南無八幡大菩薩」

という有名なせりふになる。そう考えるのが自然だと思うんですね。

人事を尽くして天命を待つ。その中にも、考えられることは考え尽くし、最後に考えてもどうにもならないことについては、失敗の確率を最小にして、あとは「南無八幡……」となる、そういうジャンプの局面が、人生にはあると思います。

逆に、ある種のスポ根モノとか、サラリーマン根性モノでもいいんですが、最初から「南無」で始めるものも見かけますが、現実にはそういう「方法」では、扇の的は射落とせないと思います。

やはり人事は尽くさねば。その先に待つから、天命というか運命の女神も微笑んでくれるのだと思います。あ、この場合は運命の大菩薩ですが。

選曲とはつまりターゲティング

音楽の言葉で考えても、こういうケースはいくらでも言えると思うんですね。僕らが演奏をする「解釈」というのは、実は全部これに当たります。

例えばベートーヴェンの「運命」を演奏する。「第九」をみんなでやろう、などなど。「選曲」というのは、これ、すべて「ターゲティング」にほかなりません。

で、例えば「運命」「田園」でも「悲愴交響曲」でもいい、ある楽曲を演奏すると決まったら、それをどうやって演奏本番にもっていくか、つまり練習の日程組みに始まるリハーサルのスケジューリングから、準備が始まります。

一通り、きちんと作品の体裁が整うまでの基礎的な練習、確認も重要です。しかし、いまここで、私たちがこの作品を演奏する、というとき「解釈」が問われてきます。

この解釈というのは、何も奇をてらったことをするというのではなく、もっと奥が深いのですが、まあこれは別の機会にお話ししましょう。

ともあれ「ターゲット」が決まったら「ソリューション」が問われます。

僕らがどう「運命」を読み、それをどう響かせるか、具体的な方法と、その結果……例えば「見事、赤い日輪の扇を射落とす」といったような……が出たか、出なかったか……。

こういう全体を通じて「単なる音出し」に終わるのではなく、確かな芸術の成果になっているか、どうかが、私たち音楽家には決定的です。

そうした品位を保障する一つに「師事」ということがあり、誰それ先生の下で学んだ、どこそこコンクールで優勝したなどなど、履歴や経歴が問われたりもするわけですが、それは単なる肩書きではない。

「鋭いターゲティング」と「鮮やかなソリューション」ができるか、できないか？

音楽家は実は、常に、この部分を問われていると思います。

「どうやらアーノンクールは今度はナニナニに取り組むらしい」「へぇ、どんなことをやるのかな？　楽しみだ」なんていう、リスナーの皆さんの期待は、いずれもこの「鋭いターゲティング（ナニナニに取り組む）」と「鮮やかなソリューション（どんなことをやるのかな？）」の二つの焦点を持っているわけです。

僕も「イトケンは次、また何を変なことやらかすのかな？」と少しでも期待していただけるうちが花だと思っていますが。

しかし、そこでは単に鬼面人を驚かす風の意匠（ターゲット）だけでなく、それをどのように料理するか、ちょっとは「あっ」と言っていただけるような解決（方法）を持って音楽を作っていこうと、地味なところからですが、毎日あれこれやってるわけですね。

15　コケの一念が岩をも通す

那須与一の「扇の的」の話を、もう少し続けましょう。

「扇の的」と言うと、射るべきターゲットが明確です。ここから振り返って、私たちの日常生活で、身の回りのこと、きちんとターゲットが絞れているか?と考えると、実はなかなかそうではないことが少なくない、と気づかされ、また反省させられることが多い気がするのです。

オリエンテーション・ガイダンスの「的」

春4月、企業も学校も新年度を迎え、新人や新入生が新しい環境に入ってきます。こういうとき、誰しも期待と不安があるものです。いま、学校のケースで考えてみましょう。

新入生向けに「ガイダンス」とか「オリエンテーション」があります。右も左も分からない新しい環境で、授業の登録履修、あるいはサークル活動など含め、様々な案内があります。

いま、かつて新入生だった頃を思い出して、そこで自分が「的の絞れた形で履修案内を理解できた」なんて方が居られたら、相当に凄い人で、僕は率直に尊敬せずにはいられません。

僕など、小学校入学は何のことだか分からず、中学入学はただ嬉しかっただけ、高校はそのまま持ち上がりで、浪人だなんだを経て入った大学も、家を出て一人暮らしを始めることで頭がいっぱいでした。

そんな中で、本当に自分が「履修登録」などに「的が絞れた」という意識があるものが一つだけあります。

それは、失敗経験を経てもう一度一から始めてみよう、と30過ぎになって籍を置いた2度目の博士課程、社会人大学生として再スタートを切ったときでした。今回は少し、自分のケースを振り返ってみたいと思います。

甘えがあったから的が絞れなかった

思えば実に恥ずかしい話なのですが、小学校から大学まで、自分が授業のガイダンスや学生オリエンテーションに十分「的」が絞れなかったのは、親がかりで学校に通っていて、あらゆるものが受け身だったからだと、少なくとも僕のケースでは、思わざるを得ません。

2度目の大学院博士課程は、音楽家として社会生活を営む中で体を壊し、仕事のできない時期を無駄にしてはいけないと、いろいろな覚悟を持って自分自身の蓄えを使い、非常に意識的に「3年間で博士号を取るぞ」と決意して進みました。

だからほとんど無駄なく、履修ガイダンスもオリエンテーションも、ポイントが絞れて理解することができました。と同時に、こんなこと、最初から求めても無理だとも思いました。

失敗を通じて見えるようになるもの

と言うのも、最初の大学院（これは理学系で物理の大学院に進んだのですが）時代、学生実験の教育助手や入試の監督など、学事の舞台裏も少しずつ見、また、大学院なるところでどのようなパフォーマンスを上げれば評価が高いのか、を知っていたからです。

自分は物理の院生としては最低だった自覚がありますが、優れた同級生たちの成功例を見つつ、こうはできない、できなかったという失敗への反省、古臭い表現をすれば「忸怩《じくじ》たる思い」がありました。

これは大学院というところに特有の特殊な事情ですが、小学校から大学までの教育と違って、大学院では「学生」といっても受け身の勉強をしていればよい、というものではありません。

積極的、創造的に自ら研究やプロジェクトを進め、知的生産を果敢にプロモートしていくことが必要不可欠です。

物理時代、とある実験で同じ班になったA君のリポートを、その単位を落として再履修する羽目になったとき、見せてもらいました。

そこには、丁寧な鉛筆書きで、自然法則の第1原理から説き起こし、目の前の実験装置のすべてが細かに記され、測定されるあらゆるデータを懇切丁寧に見ていく、素晴らしい仕事がなされていました。

一言でいうと「愛情」があったのです。こんなに物理を愛している人がいる。同じ学科に属しながら、そして実験からリポートの締め切りまで、同じ2週間という時間を過ごしながら、ほかのことに集中している自分と違って、ここまで物理を愛し、それは濃やかな一つひとつの手作業に現れているのですが、ないがしろなところの一点もない「仕事」をしている。

劣等生の物理学生として、こういう同級生の存在と、彼の対象への愛情から、非常に多くのものを学びました。

このA君は現在東京大学理学部物理学科で小柴・折戸研究室の後を継いでいる浅井祥仁教授にほかなりません。とてもではないけれど、自分はここまで物理を愛せない、そういう限界を知った大学3年次のインパクトでした。

バカになること――無償の情熱

物理学生としては本当に立派な劣等生をやっていましたが、僕も僕なりには、子供の頃から血道を上げて、それこそ全存在を懸けて取り組んできたもの、音楽がありました。大学1～2年、いわゆる教養課程の授業やテストであれば、これはプロになることを前提としないので、一夜漬けやにわか勉強でもどうにか誤魔化せます。

大学1～2年次、以前記したように不器用なトラウマを抱えず「トラとウマに分かれて走り去る」を処世訓にして、僕は一夜漬けその他要領の良さをもっぱらの武器にして、大学では浅い優等生の成績を取っていました。

それが、そんなものでは通用しない、と冷水をぶっかけられたのが、物理学科の専門に進んで以降だったのです。

本当に物理に適性のある人は、2年生の後期からハッキリとその片鱗が見えました。いまそういう人たちは、20年選手のベテランとして素晴らしい業績を上げ、第一線の物理学者として活躍しています。

僕は一般人として物理をフォローすることはできました。でも、それにそこまで入れ込んで、全身全霊でこれを愛して、創造的な結果を出すまでのエネルギーは絶対になかった。

でも僕には愛するものがあった。音楽の仕事に、こういうエネルギーの集中力を応用すればよいのだなと、僕なりにそのとき強く思いました。

大学後期から大学院時代、僕はいくつかの音楽コンクールに入り、いくつかの賞を貰いましたが、それは大学での失敗経験を転化して、自分の愛する音楽で実現しようと決意して、それを実行した面がとても強かった。

つまらない利害欲得で何か出し惜しみするようなことをせず、できることを愚直に、できるところまでやってみる。

自分の納得がいかないところでは、決して途中で投げ出さない。無償の情熱、理非が通じませんから、これくらいタチの悪いものはなかったかもしれません（笑）。何はともあれ、むきになって自分の専門に精進しました。

こんなアプローチは、ビジネスライクに考えれば、必ずしも賢いとは言えないでしょう。でもバカになると、そうせざるを得ない。

愛は盲目とも言います。それがどういう愛だったか、今考えれば幼稚な10代、20代の思い込みも多く、ただ恥ずかしいばかりですが、でも自分なりに存在を懸けて頑張ってみた。一定その成果が出、その社会で食べられるようになっていった。

一つの世界で、20代半ばの人間がどうにか立っていけるかというとき、変な脇目など振っていてはろくなことになりません。

僕の場合、音楽が仕事として回り始めると、進学していた物理の大学院が「脇目」になるという、何とも罰当たりな状況になってしまいました。

最終的に物理を離れるとき、最も強く思ったのは「愛情」です。そこまで僕は科学を愛せない。僕には音楽があるし、音楽しかない。「生涯一音楽人」という言葉を自分なりに錦の御旗として立て、僕は一度、サイエンスとの縁を切りました。

一度諦めた先に見えるもの

物理を離れ、また、一見派手に見えるコンクール歴などを重ねながら、親身にアドバイスして下さる方があり、20代に積んでおくべき現場の下積みが欠かせない、ということでオペラの副指揮者など裏方修行に精進していたとき、いくつか悪い状況が重なって僕は体を壊してしまいました。

労作性のめまいという、後から考えればそんなに重いものではありませんでしたが、立つことができない、真っ直ぐ歩くことも難しいという状況になり、一度はかなり絶望しました。

いくつか本にも記しましたので、ここでは繰り返しません。

ただ、自身の体が資本である音楽の生活で、その体が言うことを聞かないリスクに直面して、「30歳の僕はいったいどうやって音楽の人生を送っていけばよいのだろう」と考えたとき、もう一度大学院に籍を置いて、自分自身が全身全霊で愛せる内容で、浅井君が書いていたリポートのように、基礎的な仕事をして、そこから再出発してみよう、と思いました。

そんなふうにして、もう一度籍を置いてみたのが、最初に書いた「2度目の大学院博士課程」だったわけです。

まあ、こんな迂回した経路を通ってくると、さすがに「ガイダンス」や「オリエンテーション」の意味合いなどは、よく分かります。どこにどういう焦点があるか、目星はつきました。

と言うか、目星以上のものも見える気がしました。僕が籍を置いた2度目の大学院は「表象文化論」というところで、その当時学術的な専門分野として、「方法」が必ずしも確立されていなかった。

『知の技法』という本が社会的にもヒットして、華やかな風は吹いていましたが、理学部物理学科のような堅固な世界で挫折した僕の目には、率直に、いたるところに穴があるようにも思われました。

せっかく自分のお金を使って在籍する大学院です。月曜の1限から土曜日までぎっしりと可能な限り履修を詰め、しょせん限られた時期だからと、自分自身に最高の教育を施してみようと決意しました。

フランス語原典は松浦寿輝氏と読み、ドイツ語原典は北川東子さんと読む。長年大事に考えてきた作曲家ヴァーグナーについては、第一人者の高辻知義先生にご指導を受ける。

フランスやドイツの現代思想から認知心理やいわゆる「脳科学」まで、自分が音楽現場にいて、これが分かったらよいのに、と思いつつ、時間もなくどう勉強すればよいか「方法」も分からなかった、かなりの数の問題＝「ターゲット」と「ソリューション」を、自分をゼロにするつもりで勉強し直しました。

芸術音楽家として世の中に立って求められる仕事の厳しさに比べれば、リポートの10本、20本など時間に比例して書けるものです。

第1年次の前期で必要単位のほぼすべてを取ってしまい、体が復調するのと並行して音楽の仕事を再開させながら、自分が一切骨惜しみしないでも、喜んで集中できる仕事を、寸暇を惜しんでちまちまと、せせくらせっせとするような、新しい生活習慣を身につけました。

その後大学に呼ばれ、現在に至る一つのベースになっていますが、これを支えているのもまた「バカ」というか「愛」というか、要するにあまり頭よく計算しない、愚鈍な思いだという気がするのです。

もちろん、日常生活のいたるところで、人間は損得その他の計算をします。しないわけにはいかない。

でも、一度「仕事」に取りかかったら、その他の欲得は全部忘れて、気にするのは「時間」だけ、限られた時間の間に、石に齧りついてでも一定以上の成果を上げずんばあらず、みたいな、よく分からないバカな思い、コケの一念をエネルギー源にして、人間は何事かをすることができる。あるいは少なくともそう信じて、邪念を排して仕事に取り組む。音楽の世界では普通のことですが、同じ姿勢で博士論文のテーマにも向き合った訳です。

結果的に僕は3年で博士号を取り、直後にＮＴＴ基礎研究所の音楽研究グループの客員研究員と慶応義塾大学の兼任講師に呼ばれ、4ヵ月後に東大に助教授として招聘されましたが、これはただ単に運が良かったというだけで、自分の実力でも何でもない。

そういう部分を自分自身、誤解したり慢心したりしてはいけないと思っています。

そもそも「生涯一音楽人」と心に決めて社会生活をスタートした僕は、大学に勤務するという人生の選択肢は全くなかった。

それなのに、大学からポストをオファーされ、生活のこと、いろいろガタが来始めていた親のこと……すぐに介護ということになりましたが……いろいろな状況を考え、結局これを受けることにしました。

で、価値というのは、そういうところには生まれない。もっと愚直で愚鈍でバカみたいに見えるかもしれないけれど、純粋な努力の向こう側に少しずつ姿を現すものだと思うのです。

16　非常識を常識にする

「革命的な業績」ってなんなのでしょう？

ちょっと落ち着いて考えてみると、一時代前の常識を覆すようなものだから「革命的」と言われるわけですよね。そうでなければ革命なんて言葉は大げさすぎる。

ということは、一時代前なら「バカじゃないの？」と言われるようなモノが時代を征したあと、後から振り返って「革命的」なんて呼ばれているだろうことに、察しがつきます。

「ターゲティングとソリューション」ふたたび

前にもお話しした「ターゲティング」＝的を絞ることと、「ソリューション」＝解決の方法という言葉を使うなら、仮に誰もが狙うような目標、狙いであっても、他の人が逆立ちしてもやらないような、鮮やかな「ソリューション」、珍策奇策でこれに対処する、というのが「革命的」な結果に結びつく場合が多いと思います。

こう言うと、珍策を弄すればよいように誤解されかねませんが、そうじゃないんですね。

例えば病気を治す、ガンを退治しようというとき、普通の治療法があまり功を奏さないらしい、それでは、と珍奇な民間療法を試みればよいか、と言われれば、当然ながら効果が出なければ意味は全くない。

きちんと役立つものでなければ、意味がありません。

これはつまり、一時代前の常識の中で死角になっており、有識者など誰もが「そんなバカな」と思うような「時代の盲点」を射るような仕事が成功すると「革命的」だったということになる。

そういう典型的な事例を一つ挙げてみたいと思います。いつもは音楽の事例でお話しするわけですが、今回は別の例でお話ししましょう。

相対性理論の「革命性」

アインシュタインの特殊相対性理論は、それまでの物理学を基礎から揺るがした代表的な「革命的な仕事」と思います。

と言っても、物理をやめて久しい私には、相対論の革命性を論じる資格は、本当はありません。また相対論の深い革命性はさまざまにあると思いますが、ここでは「エーテル」という考え方に沿った部分だけ、取り出して考えてみたいと思います。

エーテルという言葉は、化学（バケ学のほうで科学ではありません）では現在も使われていますが、19世紀までの物理学では違う意味に用いられていました。光を伝播する媒質、という意味です。

周知のように光には波の性質があります。例えば光はガラスなどに入射すると屈折します。プリズムでは屈折率の違いによって太陽の白色光が7色のスペクトルに分解（分光：スペクトロスコピー）される。よく知られる事実でしょう。

さて、波というのは、それを伝える媒質が必要ですね。海岸に打ち寄せる「波」は、海水という媒質によって運ばれます。「波なしの海水」はあっても「海水なしの波」はあり得ません。

何か、ルイス・キャロル「不思議の国のアリス」みたいな話ですね。「ニヤニヤ笑いなしの猫」か「猫なしのニヤニヤ笑い」か、というような。ちなみに少し前に出した本『低線量被曝のモラル』で、この寓話を引きながら問題点をクリアにしたことがありました。閑話休題。不思議の国のアリスで「ニヤニヤ笑いナシの猫」なら普通だけれど「猫なしのニヤニヤ笑い」は変だ、と誰でも分かります。

では「波なしの、静かな海水面」はあり得ても「海水面がなく、波だけが存在している状態」はどうでしょう……やはり変ですよね。水があるから波になる。水がないのに波などあるわけがない。

これと同じことを、19世紀以前、多くのマトモで真面目な物理学者たちは光の波について考えたのです。ここで登場するのが「エーテル」というコンセプトでした。

「光は波の性質を持つ……ふむ、確かにそうだ。さて、光が波であるとしたら、それは必ず波を伝える媒質――海の波で言えば海水に相当するもの――がなければならない。そういう、目に見えない物質？　が、この世界全体を実は覆っているのだろう。それをエーテルと名づけよう……」

多くの、というより、ほとんどすべての19世紀の物理学者は、こんな風に考えて、エーテルの性質を解明しようと努力します。

特に、詳細は省きますが「エーテルの風」と呼ばれるものの検出が、主要な課題となりました。ところがいくら調べても、この「エーテルの風」なるものは全く検出されない。

マックスウエル、マイケルソン、モーレー……様々な理論実験物理学者が「エーテル」そして「エーテルの風」という未知なるもの、不可思議なるものを巡って頭を悩ませました。

エーテル？　そんなバカなものは存在しない！

ここで大胆な発想の転換をした一群の人々がいました。

光が波であるなら、エーテルなるものがあるに違いない……という大前提で、多くの秀才たちが膨大な努力をしているとき「いや、これだけ詳細な検出を試みて、一切出てこないというのは……エーテルなんて実は存在しないんだ！」と考えたわけです。バカと言えばバカな話です。

が、ちょうど「裸の王様の衣服」のように「この、よく見えない衣装のフリルはなんと素晴らしいことか……何、これが見えない？　いや、コレが見えるのはエレガントな人だけなんですよ、あなた、これが見えないということは……」なーんて虚弁を弄している間に、「あんたら何ごたく並べてんのかよく分からないけどさ、結局検出されないじゃん。ないんじゃないの、エーテル？」

という、乱暴かもしれないけれど強い「バカな意見」を出す人々がいた。その意見を最終的に集約したのがアインシュタインの「相対性理論」だった。やや乱暴に結論だけ言ってしまうと、そういうことになります。

そしてこの、従来から見ればバカな考え方でのみ、実際の自然現象を正確に予言し、実験や観測を説明することができる理論が作られていったわけです。

自然科学というのは、ある種、マーケットと似たところがあって、いくら精緻な理論でも、実験や観測をきちんと説明できないものは、人々が寄り集まらず、相手にされなくなってしまいます。

アインシュタインの相対性理論は、理屈から言えば前時代の常識を覆すバカなものだった。

でも、このバカな話が、実際の実験観測結果を、正確に説明することができた。

やがて「バカ」がデファクトスタンダード、事実上の世界標準を奪取してしまい、秀才たちの死屍累々と言うべき「エーテル説」は、19世紀までの古い誤った考え方として、廃れていったのでした。

何が「バカか否か」を決めるのか？

このアインシュタインのケース（1905年）は、20世紀の物理学者たちを大いに勇気づけました。若い物理学者たちにとっては「クレージー」であることが、大きな魅力となったのです。

どれだけ従来の常識と隔たっていても、実験や観測と一致すれば、その「クレージー」な理論が次世代標準になる！　ここからニールス・ボーアの量子論、ハイゼンベルク、シュレーディンガー、ディラックらの量子力学など、20世紀物理学の主要な革命が進んでいきます。

その一つの到達点が「原子爆弾」であり、冷戦以降これが「平和利用」に転化されたのが「原子力発電」などのテクノロジーでもありました。

いま物理屋の表現で「クレージー」と書いた部分が「バカ」に相当するわけですが、ここでのポイントは「従来の常識と隔たっている」ことです。

これは逆に言うと、どれだけ従来の常識と異なっていても、実験結果が違う見解を支持すれば「ああ、そういうことなのか」と常識そのものを変更することに、全くやぶさかでない物理学、ないし、科学界の土壌があります。

音楽の世界にも、これと似たような大きな価値観の変化、革命的な転換がありました。モノの500年も前の西欧では、ニ短調の曲といったら最初から最後までニ短調、ハ長調ならハ長調、調性は楽器の調律で決まるものなので、一つの曲の中でどんどん他の調に変わって行く、なんてことはあり得ませんでした。

そんな不可能を可能にしたのが「平均律」という考え方です。あまり詳しく言いませんが、これは、たった一つの調律の仕方で、あらゆる調性の音楽が演奏できるようなチューニング方法の呼び名です。バッハやヘンデルといった人々は、この「平均律」という舞台で多様な転調を縦横に続ける音楽=平均律ポリフォニーというものを確立して「音楽の父」などと呼ばれるようになりました。それを大成したと言えるベートーヴェン、またそれを破壊の極限まで持って行ってしまったヴァーグナー……みんな、前時代の常識から考えれば、そうとうクレージーな仕事をしているわけです。不可能を可能にしたといってもいいでしょう。

常識という惰性

ここで逆に思うのは、世の中一般の「常識」の根深さ、その惰性が続いてしまうことです。科学的な測定で明確に「従来常識を覆す」と結論が出ても、一般社会ではそれをそのように認めない、ということが、実は非常に多い。

分かりやすいのは「進化論」や「分子生物学」でしょう。

DNA鑑定など、すでに犯罪捜査や裁判などで、確実な証拠として採用されているものですら「旧約聖書に反する」など、古代の聖典にない内容であるとして、退けられたり、子供たちが嘲笑して相手にしない世界が、実際に21世紀の地球上にたくさん存在しています。

それは途上地域であるアフリカや中東にもあるし、米国のような先進国にも、はっきりと存在しています。

ということで、ここで翻って考えねばならないのは日本の現状です。

私たちは、従来の自分たちの常識に合わないものを「そんな、バカな」と思います。しかし、その常識の方が間違っていた、と立証されたとき、本当にそうなのだ、自分たちは間違っていたのだ、と、素直に謙虚に認めるだけの、度量を持っているだろうか?

つまりこれは「バカにしていたバカに、自分自身もシフトチェンジする」ということを意味するわけです。そうしたギアのチェンジがきちんとできることは、人間の柔軟さ、思考の柔らかさ、あえて言えば「アタマの良さ」のひとつの目安になるでしょう。

例えばいま、震災からの復興や、原子力発電の問題を考えるとき、社会も自分も当然の前提と思っているようなことの中に、たぶん、間違いなく、いろいろな「常識の誤謬」が混ざっているはずです。

それは100年後には自明のことになっているかもしれないけれど、今21世紀初頭の段階ではつまびらかではない。私たちが天寿を全うしたあとになって、初めて分かることもあるでしょう。

そういう歴史に照らして、恥ずかしくない「やわらかアタマ」を持てるかどうか、は、自分自身がどこまでバカとバカ正直に向き合えるか、から始まるように思うのです。

17 仲間のミスをウインクして見逃す度量を持つ

前節のアインシュタインのケースでは、個人の「クレージー」な発想という意味でバカになる大切さをお話ししました。

今回は、チームワークの中で「バカ」ならぬ「まぬけ」になる大切さ、ということを考えてみたいと思います。

音楽家はリハーサルが勝負

音楽の演奏には「本番」と「練習」がありますが、実のところ、この「練習」が音楽作りの99%を決めてしまいます。

まあ、ちょっと考えれば当たり前のことですよね。お客さんを呼んで、人前で演奏するのは1回でも2回でも、限られた機会です。それに対して毎日の基礎練習に始まって個人練習、合奏練習、音楽人は生涯練習とともに生きていくわけですが、その大半は本番ではない。

私たち指揮者の仕事もまた同様で、本番が1日、2時間あるとすれば、その陰に2日とか

3日、5時間とか10時間とか18時間とか、より長い準備、リハーサルが必ずあります。

それがなければぶっつけ本番ですが、ぶっつけだけでマトモな音楽ができる世界は、あまりたくさんありません。

演奏家も指揮者も、その本業、本領が一番問われるのはリハーサルです。と言うより、そのリハーサルで鍛えられ、磨き上げられた本番は、そんじょそこらの「ちょっと音出してみました」という出来と、明らかに違うものになる。

そういう積み重ねがミュージックライフというものです。

オペラ指揮者の勘どころ

この傾向はオペラなど大規模な舞台で、もっと顕著です。

オペラは「過激」もとい「歌劇」と訳されるように、歌があり音楽があると同時に、演技があります。舞台装置があり、衣装があり照明があり、様々な演出の工夫もあります。

こうしたことすべてに「準備」があり「リハーサル」があります。本番は、あまり長くなるとお客さんが茹で上がってしまいますから、まあ2時間とか3時間とか、かかってもせいぜい1日5~6時間がせいぜいでしょう。

ドイツの作曲家ヴァーグナーの「ニーベルングの指環」という作品は演奏するだけで4夜

18時間ほどを要します。またやはりドイツの作曲家シュトックハウゼンの「光」という作品は上演に7日を要しますが、いまだ通して演奏されたことがありません。

実は僕には、生前のシュトックハウゼンから、この指揮を打診されたことがあり、ややビビッている間に作曲者が亡くなってしまった経緯があります。

僕などよりも作品の詳細をよく知る、もっと適切な人がたくさんいるところで、自分などおこがましい、というのが正直なところでしたが、より若い世代の僕にそのように期待してくれたシュトックハウゼンには、適切な形で生涯、応えていきたいと思っています。

閑話休題。演奏だけでも16時間かかるオペラのリハーサルは、正味2ヵ月ほど、連日連夜、適切に休むのも仕事ですが、基本的にびっしりスケジュールを組んで行います。まあ、逆に言うと、そうしないと入ってこない。

人間というのは漬物だなぁ、と思います。唐辛子につければキムチになるし、ぬかにつければ糠漬けになる。

長尺のオペラは、演劇と同様と思いますが、いわばその中で生きる、役となって生まれ、生き、最後は役とともに死ぬ、くらいの覚悟を持って、仕事に当たらなければならないものと思います。

で、そういう長時間の神経戦みたいなオペラの音楽作りで、指揮者に求められる「勘どころ」の中に、あえて「まぬけ」になる、ということがあると、個人的に思っています。

千本ノックと2代目社長

一つの曲をマスターしていく音楽の練習というのは、いくつか「時期」というか「季節」のようなものがあります。

最初に曲をまだ知らない、理解し練習しマスターする、暗記するというような段階を「譜読み」と呼びます。「音取り稽古」なんて表現もあります。

舞台上で歌手は、最終的には自分で音程を確認しながら、歌を歌わねばなりません。歌うだけではない、衣装をつけて、書割りや張りぼての舞台装置の間で演技をしなければならない。

動き、人と関わりながら、舞台下のオーケストラピットで演奏している伴奏者たちと、きちんと音楽的につじつまの合った歌を歌わなければならない。

ただ単に歌うだけでも、音程があります、リズムがあります、歌い出しのタイミングがあります。そしてなにより歌詞があります……まあ、ありとあらゆる細かい要素が雨あられと降ってくるわけで、第三者には決して分からない大変な重労働を、実はオペラ歌手の皆さんはしています。

僕ら指揮者が普通にオペラの修行をするとき、始めは伴奏ピアノから始めます。「歌手の音取り稽古」でピアノを叩いて音程を教え、暗記の手伝いをする。

横文字では「コレペティテュール」と呼ばれる仕事を通じて、歌手の様々な事情や生理を学び、かつ、音楽の譜読みが単なる音だしでなく、人を感動させる芸術表現になるよう、随時随所で助ける仕事を覚えていきます。

このとき大事なのは「千本ノック」方式なのです。例えば音程にミスがあるとします。そしたらその瞬間に「高い」「低い」「OK」などと言ってあげる。リズムが狂ったら「早い」「遅い」「ちょうどいい」と、やはりその瞬間にぴったり合うように直してあげる。

こういう経験があるから、次の段階……副指揮者の仕事ができるようになります。

「ま」を抜く「良い加減」なリハーサル

さてはて、個人練習で千本ノック状態を乗り切り、パートを一通りマスターした歌手の皆さんに、容赦なく「演出」の指示が雨あられと降ってきます。

一度せっかく体に入れたはずの歌が、演技がついたり衣装をつけたり、はたまた舞台装置の中に入ったりすると、何がなんだか分からなくなったり、フッと抜けてしまったりする。

一番ギャップが大きいのは本番同様、オーケストラ伴奏になってから後でしょう。オケが入ってからの練習なんて、原価がかかりますからそんなにたくさんはありません。

ここで歌手の立場に立ってみましょう。いままではピアノの音で音程を聴いていた。ところが、いきなりぜんぜん違う楽器、例えばヴァイオリンとかフルートとか、別の音色で遠く離れたところでピーヒャラと吹いていたりする。

それに合わせて歌う、というと、少し前までのピアノと根本的に勝手が違うことになります。そこにさらに演出がつき、照明の光がまぶしかったり、なぜか必然性の分からないスモークが焚き込まれたり、まあ、舞台本番直前というのは、かならず一種の準パニック状態になっている。

そんなとき、そこそこコナレた大人のオペラ指揮者なら、絶対に深追いはしないんですね。全部きちんと聴けている。これはプロなら当たり前のことで、それがなければ間抜けならぬ腰抜けで使い物になりません。ミスは全部きちんと把握する。で、分かってるョ、という合図で、いやみなしにニコッと笑ってあげましょう。

「大丈夫大丈夫、本番は私がこの台に座っている限り、必ずうまくいくから」

ってな具合で、メンタルを支えてあげるのが大事です。この際、恵比須顔で笑っただけで、そのまま何もしないと、使えない奴と思われてみんなこちらに気を使ってくれなくなります。それではダメなんですね。

イイカゲンな練習ではいけませんが、「良い加減」という手加減が、実はとても大事なポイントになってくるのです。

10のミスがあれば3つだけ指摘する

ミスや事故はきちんと把握する。そのうえで、10個ミスがあったら、その中の3つだけ、指摘する。決して多くを言い過ぎない。処理しきれないほど多くの課題を出しても、消化不良になったり、投げてしまって一つも解決しなかった、なんてことになりかねません。

また、きちんと適応すれば、本人の努力でどうにかなるもの、は信頼して任せましょう。一番言ってあげて感謝されるのは、歌手本人ではどうにも気づくのが難しい種類のミスです。例えば、歌手は自分が舞台上で歌っていますから、客席でどう、自分の声が聞こえるか、などが分かりません。母音や子音がどう鳴っているか、分からない。

ちょっとした子音が通りづらく、言葉の意味が聞き取れない、なんてことは日常茶飯事です。ほかの人の声とのバランスというのも歌手本人ではどうしようもない。1人だけ浮いてるとか、沈んでるとか、そういうことは言ってあげなければ分からない。

あるいは完全に勘違いしているところなども分かります。演出がついたせいで記憶がずれちゃった、とか。

本人ひとりで改善の見込みがあることは、信頼して任せましょう。ただし、それを把握してますよ、というのだけ、ニコッと笑ってジェスチャーでは伝えておく。

でも、すべて終演後に、もしその種の話になって「あのときは助けていただきました。ありがとうございます」なんて歌手に言われたときはハイハイそうですねなんて言ってはいけません。

え？　何のこと？　ぜんぜん気がつかなかったなぁ、と笑ってそれでおしまい、間抜けになることで、すべて八方まるく収まります。

人に動いてもらう仕事は、相手を信頼することが究極のポイントと思います。逆に言えば、信頼できない人とチームを組まされると、なかなかキツイ。そういうことも、まま、あることです。

が、ひとたびチームを組んだら、まずは信頼してみる。ことによると人間関係が変わるかもしれませんし。とりわけ指揮系統で上流にいるときには、微妙に間抜けになることで、かえって人によく動いてもらえることが少なくない。

本番で歌い出しを間違えた歌手がいたとしましょう。そういうときも、目くじらを立てるのはダメなのです。演奏って誰のためのもの？　ライブというのは聴いて下さるお客さんのためにあるものです。何が何でも正確でなければいけない、正確でさえあれば良い、なんて言うのは青臭い子供の了見で、現実の舞台では、出来るだけ多くの聴き手にドラマの進行が不自然でないように「修正」するのが、こなれたオペラの棒振りというものです。

もちろん、条件が変われば話も違ってきます。例えばレコーディングであれば、正確さはプロとして一の一のことです。それこそ「バカ丁寧」に仕事することが珍しくありません。じっさい多くのレコーディングで「一発通し、すべてＯＫ」なんてことは滅多にないわけで、今度は正確無比な鋭い耳と感覚が必要とされます。

これと、生きたお客様のいるライブの小屋と、全く違う知恵と感覚、神経と反射能力をもっていることが、楽隊業ではとても重要なんですね。

意外にこういうことが判っていない人が、実のところ少なくないのですが、そういうところで「バカになる」方法というのも、なかなか大事と思うのです。

18 「今日の非常識が明日の常識」と知る

いまからほんの100年ちょっと前、例えばフランスのこととして考えてみます。重病の人が発作を起こして、あわや命に別状も、というような事態が起きたとしましょう。あなたなら、いったいどうされますか？　あるいは、誰を呼びにいきますか？

まあ、現代日本の普通の人なら、10人が10人「医者」とか「救急車」とか、そういう答えになると思います。つまり、病気があれば治療しなければならない。医学の力を利用しない手はない、とそういう話になるでしょう。

ところが、ちょっと前の時代でも、話はぜんぜん違ったようなのです。

あわや、危ない、というときには、しばしば神父さんが呼ばれました。「終油の秘蹟」をしなければならないからです。

反転する常識・非常識

いまなら、私たちは「きちんと治療すれば助かる命かもしれない。いったい何を悠長なことを言っているんだ」と怒るかもしれません。

でも、その当時はそういうことが分からなかった……というより、病気をしたり、戦場で大きな怪我をしたりすれば、かなりの確率でその場で一巻の終わりとなってしまい、むしろ「終油の秘蹟」の方が、よほど重要かつ切実、というか常識的だったわけです。

しばしば、いまだ意識がある状態で、神父さんが呼ばれて来、これから天国に召されるにあたって必要なキリスト教的な手順を踏む、という常識的な判断がなされたわけです。

いや、なかには「終油」を受けたあとに蘇生して、こちら側に帰ってきた人もあったでしょう。そういうときには、なるほど、神様は、まだこちら側に来るな、まだお前は地上でやるべき仕事が残っている、と地上に魂をお戻しになった、などと解釈したのかもしれません。

少し前の時代まで「誰でも知ってる常識」とされていたものが、ほんのちょっとの変化で反転してしまい、かつての常識が全く通用しなくなってバカげた虚妄の扱いを受けることは、人類史を振り返っても決して珍しくはありません。

「地球は平たく、ヒトは進化しない」？

例えば、高い山から見渡せば、私たちの住んでいる大地は平べったく見えます……いや、本当に見晴らしのいいところに行けば、例えば大海原などで、地球が丸いというのが分かるときもあります。しかしまあ、身近なところでは大地は平べったく見える。

これを「地球は丸い」などと言った日には「何をバカなことを」と笑われたでしょうし、もっと言えば、キリスト教会が権威を持っていた時代には新約聖書の福音書のどこをひっくり返しても、大地が平べったいとも何とも、書いてはいないわけですが、ガリレオもコペルニクスも、地球は丸いとは公開の場で言わせてもらえなかった。飽くまで地球は平たくなければなりませんでした。

下手なことをすれば、修道僧ジョルダーノ・ブルーノのように火あぶりの刑で殺されてしまった人もいる。それくらい、一つの社会が持つ「常識」というのは、強固な縛りになっていることが少なくない。

ところが現実には、スペインから確かに西に向かって出ていったはずの船が、どうしたことか東側から帰ってきてしまったりするわけです。地球周航が公然の事実となり、教会の言うことは嘘っぱちだ、となると、世の中は変わってくる。

とりわけ、その地球周航が著しい富を生んだりすれば――例えばスパイス貿易などによって――富貴なものに人は弱い。メジャーに見える方向に、人間は簡単に流れていきます。

キリスト教会のウソを断罪する宗教改革の嵐が吹き荒れ、実際にスパイス貿易で大きく成功するオランダなどは、さっさとプロテスタント国家として独立の旗を揚げることになります。

もっともスペインのハプスブルク・カトリック大帝国からのオランダの独立には80年もの長い時間がかかりましたが……。

でも、地球は丸いという常識、かつては火あぶりの刑にされたかもしれない「バカ」な虚妄が、だんだん社会に受け入れられ、常識の反転がだんだんと定着していくことになります。

地球周航は宗教改革とともに西欧カトリック教会に大きなダメージを与えましたが、それでも多くのカトリック諸国で、病人が危篤になると神父さんを呼びにいく習慣は廃れませんでした。

もっと顕著な変化が現れたのはパスツールの微生物学やダーウィンの進化論など、生命のメカニズムが解き明かされてきて以降のことでしょう。

「ヒトはサルが進化して生まれたものだ」という説は、登場した当初、社会の多くの人の失笑を買いました。ダーウィンのお膝元、英国の19世紀半ばの新聞には、彼をサルに見立てたような風刺画がたくさん描かれています。進化論はどう見てもバカな虚妄に過ぎなかった。人が猿から進化するなんて、そんなバカなことがあるわけないじゃないか……と。

ではどうして、そんな説が社会全体に受け入れられ、当然の常識として通用するようになったのか……？

ここにも絶対に、そちらに与した方が、オランダのスパイス貿易のように、実際にお金が儲かるなどの利便があったに違いありません。それは何だったのか？

植民地支配と優生学

ネアンデルタール人やら何やら、いろいろな科学的傍証が積み重ねられ、どうやら科学的には進化論が正しいらしい、という話になってきても、それだけでは社会はちっとも、進化論を尊重しなかったでしょうし、学説に敬意も示さなかったでしょう。

ヒトがサルから進化した、というストーリーが、社会的に圧倒的に受け入れられるようになった大きなきっかけは「植民地支配」でした。

かつて、地球が球体であるか定かでないという社会的な合意は、グローバルなビジネス、例えば英国の東インド会社による三角貿易など、実際にヒトモノカネが動くようになることで、ゲンキンに常識へと変化していきました。

このグローバルビジネスの発展は、奴隷貿易や植民地支配など、21世紀の今日でも解決されない様々な問題をも生み出します。

そんな中で「人類の祖先はどうやらアフリカから登場したらしい」「400万年ほど前のアウストラロピテクスから人間はだんだんに進化してきた」なんて説が提出されるようになると、これを別の意図をもって「常識」にしようとする人が出てきます。

つまり、アフリカが人類の起源であるということは、アフリカにいる人（ネグロイド）はより進化的に古い段階、つまり猿に近い、低い人間である、翻ってそこから遠く北の方で進化した、鼻の高いとんがった顔をした人（コーカソイド）は、より進化的に進んだ段階、つまりより高度に進んだ、高い人間である……なんていう考え方です。

今日、人間の遺伝子の全体――ゲノム――の暗号が解読されている時代、こうした考え方がいかに誤っているかは、科学的にはすでに明瞭に示されています。

しかし、こうした、一見科学の装いを持った説――似非科学――が、19世紀の後半から20世紀初頭にかけて、大きな勢いを持ってしまった。

いわゆる「優生学」と呼ばれる考え方は、一方で「新派刑法学」などの差別法制を生み出します。

いわく、犯罪傾向のあるものは「生まれつき」犯罪を犯すような、道徳的に進化・発達の遅れた「遺伝」的な資質を持つのである、こうした者の見分け方は、頭の骨の形でいえばこんな格好、鼻の形はこんな具合……などと、人相まで「進化」と結びつけて「科学的」に考える「刑法学」が、日本で言えば江戸時代末期から明治時代にかけて「ニュートレンド」として実際に支持され、一部法律として採用されていた国や時期もあった。

ロンブローゾ、リストといった「新派刑法学」の大家の名は現在でも知られています。

彼らの仕事は、確かに、それ以前の刑法学――つまりフランス革命以前から続く、キリスト教権威を背景とする、かなり恣意的な刑法理論――よりは「客観的」で「合理的」な新しい常識をもたらした。

しかし同時に、そうした常識は、人を見かけで判断したり、皮膚の色や生まれた国で差別したりするという、新しい排除の論理も生み出してしまった。

これが最も顕著に出てしまったのが、ナチス・ドイツ政府によるユダヤ人排斥、ないし虐殺などの「合法的」な「公共事業」だったと言えます。

ナチス・ドイツの「見るからに優秀そうな」常識

ユダヤ人は「進化論的に」アーリア民族よりも「未発達」で遅れている。逆に、アーリア民族であれば誰でも、ユダヤ人よりは優れている……不況にあえぐ第一次世界大戦後のドイツ・バイエルン州などでは、富貴な「ユダヤ人」銀行家などに対して「アーリア民族」の失業者などが様々な不満を募らせていた。

そこに、こうした「見るからに優秀そうな」科学の装いを持つ排除の論理が導入されて、ついには政治を動かし、アドルフ・ヒトラーを政権首班とするファシズムの国家体制が構築されてしまった。

そして実際に「ユダヤ人は劣っていて本来は生産活動性が低い。現在ユダヤ人たちが持っている財産は、すべて、第一次世界大戦前後の経緯を通じて優秀なるドイツ民族から詐取されたものであるから、これらはすべて返納されねばならない。ユダヤ人の財産はすべて国庫没収、また対ユダヤ金融資本のアーリア人の借金はすべて帳消し」といった、いま落ち着いて考えれば通るわけのない「見るからに優秀そうな（?）常識」が「法律」として可決されてしまい、ナチス・ドイツは破滅的な発展の道を突き進むことになってしまいます。そしてそのナチスが国を挙げてサポートしたのが、リヒャルト・ヴァーグナーの楽劇でした。生前のヴァーグナー自身が反ユダヤ的な発言を若干遺しています。

実は僕が取り組んでいるヴァーグナーの演奏は、作曲者を巡るこうした様々な「余計な情報」をすべて取り除き、音楽としてのヴァーグナー作品とじっくり向き合うことで、ナチス崩壊後タブーのように一度は葬り去られてしまった本質を再発見し、実現する取り組みに他なりません。

音楽家の知恵として強調出来るのは「原典に忠実であれ」ということです。そうであるかぎり、あらゆる解釈の自由が、実は正当な原典の発展系として認められる可能性に開かれているのです。歴史を振り返り虚心坦懐に向き合うことは、何事によらずとても大切な基礎でしょう。

19 知らないものを「知らない」と言う勇気

今回は「物知り」というのは実はあまり頭が良い状態ではない、というお話から始めます。ネットワークの世の中になって、単純に何か「記憶している」ということの相対的な価値が大きく減ってしまいました。

情報化社会での「知恵者」の変化

以前なら、何か耳にしたとき「あ、それは……」とトウトウと知識を述べる「生き字引」というような人がいて、またその知識が珍重されました。

が、今ではそういう人は減ってしまったし、仮にそうでなくても「あ、ちょっと待ってください……」とその場でモバイルでネットにつなぎ、適切に検索すれば、知識情報だけならいくらでも出てくる……そんな時代になりました。

さてしかし、ここで問題になるのは、今言った「適切に検索すれば……」という部分です。ネットで検索すれば、ヤフーでもグーグルでも、いろいろな「情報」が引っかかってきます。しかしまあ、ハッキリ言ってしまえば、最初に引っかかってくるような情報の大半は、ジャンクというか、ろくなものでないと思っておいた方が無難です。

むしろ、信頼できる情報ソースを持つこと、さらには、その情報ソースが信頼できるものかどうかを当意即妙に判断できる能力の方が、今日のネットワーク情報社会では、はるかに重視されるようになっていると思います。

少し前と、今とでは「知恵者」とされる人のタイプは明らかに変わってきたと思います。

「自分が何を知っているか」は「何を知らないか」と同義

意外に強調されない事実を一つ記しておきましょう。書いてしまえばアホみたいな話です。「私はここまで知っている」とハッキリ言える人は「ココから先は知りません」と明確に言える人でもある、はずですね。言葉で書くうえでは。これ、間違いありませんよね？

ここで考えていただきたいのです。「物知り」という人は「知っている」ということが大事になってしまう。そうすると、こういう人にとっては「知らない」というのは、ある種権威の喪失というか、恐怖の対象にもなってしまう。

私の知る、幾人かの「物知り」の方の中に、普段は大変に温厚なのですが、ちょっとしたことで、自分が「知らない」という話になってくると、何と言うか、瞬間湯沸かし器のように逆上してしまう人がいます（その中のお一人は、そこそこ名前のある大学で長の字が付いているような気もします……）。

まあ、すでにご高齢でもあるし、彼はああいう人だからと、みな温かく見守るケースが多いと思いますが、率直に言ってあまり褒められたものではありません。

この「単に知っている」ということを、自分の看板とか、プライドの根拠にしない方がいいと思うんですね。というのは、そんなもので頑張っても、手のひらに乗るようなＵＳＢメモリ1個、ＳＤカード1枚にも、必ず負けることが分かっているから。

ここで「自分は何を知っているか」と同時に「自分は何を知らないか」を明確に意識する大切さが出てくると思います。

あなたはどっちの上司を選ぶ？

今、仕事場で、何かが分からないという状況があったとしましょう。ここに、「わしは何でも知っておるぞよ」と言っておきながら、少し突っ込んでいくとしどろもどろとなり、分かっていないところを衝かれると、「ええい、無礼者！」などと怒りだしてしまう上司がいる、としましょうか。

それと、「俺はこの辺までは分かるんだけど、こっから先はからきしダメなんだよね」と謙虚に笑いながら、「でも、ちょっと一緒に調べてみようよ」と、部下と一緒に情報検索して、「へぇ……こんなになってるんだね、ということは、今回の案件では、こんな風になるんじゃないのかな……」と、その場で共に考え、発見し、感心しながら思考の経緯を共にしてくれる上司。

もしあなたが部下だったとして、どっちの人についていきたいと思いますか？

まあ、答えを言うのも野暮ですから、ここではお好きな方にどうぞ、ということにしておきましょう。

「ネット地アタマ」を保証する「無知の知」

知ったかぶりの割に、実はぜんぜん記憶は怪しく、反比例してプライドだけ高い、なんて気持ちの状態は、今のネットの世の中で、ちっとも精神衛生のよろしいものとは思えません。と言うか、やめておいた方がいい。少なくとも、僕は絶対にこっちの仲間にはなりたくないですね。

こういう時代、知恵者かどうかの最低限の判断の「リトマス試験紙」は、先ほどの「知らないものを知らない」とスパッと言える潔さがあるか、だと思うのです。

これは、大学の同僚先輩の教授方とも大いに合意したのですが、2011年3月11日の東日本大震災、またとりわけ福島第一原子力発電所事故のあと「知らないことは知らない」「分からないことは分からない」と、スパーンと言えた人がどれだけいたか?

もっと早くにこれを徹底していたら、今よりよほど状況はましだったのではないか?

少なくとも「大学」や「専門家」の権威が、ここまで失墜しなかったのに、ということで意見が完全に一致しました。

良心的な、またきちんと水準のある科学者や知識人は「それは分かりません」と、知らないこと分からないことについては、キッパリとそれを明言するものです。

ネットの時代、涼しい頭の人の共通項として、知ったかぶりをしない、知らないことは知らないとハッキリ言える、というチェックポイントを注意しておくといいような気がします。

アドリブで嘘を言ってはいけない

逆に、大概の問題を作り出すのは生兵法の方々、とりわけ「**評論家」と肩書きを持つ人で、本当のプロではない人が、にわか専門家仕立てでメディアに登場したとき、危ないんですね。

「○○は××なのですか?」とアナウンサーなどに尋ねられたとき、きちんとした科学のトレーニングで鍛えられている人は、

「それはきちんとは言えません」

などと即座に「私は知らない、あるいは判断がつかない」と応じる訓練ができている、癖がついている。

ところが、にわか評論家の方で、あくまでテレビなどの番組の「円滑風な進行」が仕事の本分になりやすく、これって結局ショーですから「知らない」「分からない」は禁句、言えない人も目にしたわけですね。

ちなみに音楽で似たような風景を目にするのは、若い指揮者さんが明らかに思いつきで「解釈」しているのを見るとき「あれあれ」と思います……。いや、思いつき、つまり着想というのはとても大事なものでもあります。霊感なんていってもいいかもしれない。

また、鋭い楽員に質問されて、判らないなら判らないと言えばいいのに、なんか変なことを指揮台上で言ってしまうということも、ときおり見かけます。こういうことは常に自戒しなければと思います。

突き詰めた取り組みをする音楽家なら、そうした自分の思いつきをそのまま押し通すということはしないものです。その自分の「楽興」が本当に上手く働くか、冷静に検討するもう一人の自分がいる。再現芸術というのは、そういう厳しさがあって磨かれて行く世界です。

言語明瞭・意味不明瞭？

さて、話を評論家のほうに戻して考えます。

昔の大平正芳首相の答弁みたいに、言語不明瞭意味不鮮明ならまだしも、比較的明瞭な言葉と鮮明な意味をもって、アドリブで素っ頓狂なことを言ってしまうことがあります。

まあハッキリ書いてしまうと、3・11の直後、記者OBの解説委員とか論説委員とかいうような人に、こういうアドリブ弊害が非常に多く見られた気がしました。

商売柄、明確な言葉で鮮明にしゃべってしまう癖だけがついている。また、関連の現場に取材歴何十年、なんて人もいて、変に現場慣れはしている。

ところが、学校で勉強したのはぜんぜん別のこと、例えば法律とか経済とか、ともかく違う内容を修めて、今話している肝心の内容については、みっちりと基礎トレーニングを積んだ経験がない……。

まあ、そういう人がお仕事でメディア上で喋らされるのも、不運といえば不運かもしれません。でも、視聴者はソレを「本当のこと」と思う。

「テレビで言ってたよ」と真に受ける、信用してしまう。3・11の直後に結果的に起きた報道事故的なケースの大半は、その後修正されることもなく、時とともに流れてうやむやになったと思います。

これを「災害時だから仕方なかった」で済ませてよいのか？　逆ではないか？「災害時だからこそ、正確な情報を厳選して発信しなければならない」のではないか？「不慣れだったから仕方ない」でいいのか？「不慣れ」だったらなおさら気をつけねばならないし、そもそも「不慣れ」でない人をきちんと養成していたのか？

各種メディアには3・11の直後から、非常に厳しい意見と思いましたが、このあたりはキッパリ、言わせてもらうようにした次第です。

振り返って分かること……

さて、ここから翻って、私たち自身の役に立つ、力になる知恵を導いてみるなら、まず、「つまらない知ったかぶりはしない」という大原則が出てくると思います。

もちろん、仕事の内容などで、普通に知らなければならないことをマトモにマスターできていない、なんていうのはいけません。

でも、ちょっと背伸びしたような内容は「必ずしも定かでないんですが……」と、最初に留保する癖をつける。

あえて言えば「僕はそんな賢明な人間じゃないですよ。まあ普通程度にバカですから、お手柔らかにお願いします……」とメンチを切るところから、始めておくのが無難と思います。

いや、逆です。無難ではなく、あとあとの対応がよければ、むしろ「彼は切れる」「彼女はいいねぇ」と評価される可能性が高い。

これが逆だといけません。竜頭蛇尾というか、最初は「任せなさい！」ふうだったのが、だんだんどうにもならなくなったりすると、終り良ければすべて良しの逆で、ありゃダメだ、と烙印を押されかねない。

「実るほど頭を垂れる稲穂かな」って言うじゃないですか。知ってることが偉いわけではないんです。

むしろ「知らない」ことが結果的に誇りになる、みたいなこと、いわば「無知の知」から出発する「21世紀の知恵者」のバカから出発するフットワーク、みたいなものが、求められている気がします。

20 無知の効用

子供の頃、算数や数学の問題がさっぱり分からず、あとで正解を見て、「なぁんだ、こんなにシンプルな話だったのか、ちぇっ！」とか思ったご経験はありませんか？ 僕はそんなのだらけでした。

むしろ難しい「シンプルな思考」

試験時間中に同じことを思いつけば、誰も苦労しないのですが、何か問題文は難しそうなことが書いてあったりする。ああでもない、こうでもない、などと考えるうちに頭の中で音楽など聞こえてきた日には、もうアウトです。

考える気になってない。果たして無情のベルは鳴り、答案用紙は回収され、しばらく経つと無残に赤い記号がつけられたものが返却されてくる……。

こういうとき、概して僕たちは、物事を難しく考えすぎているように思うのです。最も典型的な例を挙げるなら、中学の数学で習う図形、「幾何」があります。

いまここで、三角形の合同だの、角度がどうしたの、という図形の具体的な話は出しませんが、中学の幾何、より正確に言えば「ユークリッド幾何学」の初歩では、すべての論理を一からその場で組み立てることを学びます。

きちんと論理が整合していればよし、もし少しでも矛盾があれば、そこで話はストップします。

こういう厳密な話では「物知り」は役に立ちません。

「こんなもの知ってるよ」という、別の話が紛れ込んでくることはないわけです……いや、まあ実際には「裏技」で近道ができる、みたいなことも、進んだ段階ではありますが、多くの中学生にとって、初歩の幾何の証明のたぐいは、あまりにシンプル過ぎて逆にとっかかりがなく、かえって難しく見えてしまうことがあるようです……と言うか、僕もそういう記憶があります。

純粋に与えられた条件だけで考えてみる、というのは、慣れないと実はなかなか難しいことでもあるのです。

「勝てる交渉術」を幾何に学ぶ

いまちょっと触れた中学数学の図形問題、幾何の方法は、しかし、実は使いようによっては役に立つことがあります。何か問題があったとき、交渉事に勝とうとするなら「図形問題の方法」少し偉そうに書けば「幾何学の精神」が、なかなか使えます。

例えば、いま仕事で何かトラブルがあり、その後始末の交渉をしているとしましょう。こういうときは、あれこれ知っている周りのことは置いておいて、純粋に「相手の言ってきたことだけ」で、仮に話の筋道を組み立ててみるのが大事です。

そこで「矛盾」を一つでも見つければ、少なくともロジックで負けることはありません。ここでモデル的にシンプルに考えて相手の論旨が明確だと、ちょっとした隅っこでも矛盾が出たときすぐに分かります。そこから相手がぐうの音も出ないよう、戦略を立てることが比較的簡単にできる。見通しが良くなるのです。

ポイントは、相手の言ったことをバカ正直にシンプルに「真に受けてみる」というところにあります。もちろん、ただ単に「真に受けるだけ」じゃダメですが、まずは一度、文字通りに受け止める。ここから出発します。

例えば、こんな経験がありました。

ある本を作ったときのことです。最終的に出来上がりの見本ができ、それをチェックしてみたら、間違って図版に個人情報が載っているのに気がつきました。これは一大事です。すぐさま修正をしなければなりません。

ところが版元の担当者は、そういう経費のかかることは極力したくない、そんな目立たない個人情報なんてどうでもいい、という人物で、だからそういうミスも起きてしまったのですが、のらりくらりと言い訳をして、そのまま出版を強行する考えでまともに取り合おうとしません。

逆にこちらとしては、そんなものが印刷で出てしまったら、責任問題になってしまいます。

「いや〜、伊東さん、すでに流通ルートに乗っていて、もう回収できないんですよ」と担当は言います。僕がこういうことを知らない、と思い込んで、適当なことを言っている。ふーん……これはもしかするとうまいかも、と思いました。

実は僕は学生時代、雑誌や書籍の編集バイトから活字の仕事にタッチしていて、細かい製作原価からソロバンが弾けます。それを相手は知らず、高をくくっている。見本出来の日と配本日から逆算すると、まず間違いなく「回収不能」なんてことはない。

そこで、ひとつ「バカ」になってみせる、というのが、こういうときのポイントです。相手がハッキリと、事実と矛盾したことを明言してくれれば、この交渉は勝てる、と見通しが立ちました。

勝手に掘ってくれた墓穴を利用

「ええと、もう回収できないんですね？」と僕。

「はい、回収できません。東販、日販とも、もう現物が動いていて」

何と、この脇の甘い担当者氏、固有名詞つきで断言までしてくれました。僕も甘く見られたもので、これは助かりました。

いま出てきた東販とか日販というのは本の流通会社です。僕が過去に出版に関係してどういうことをしてきたか知らないので、適当に煙に巻けると高をくくっているのがよく分かりました。これはかえって好都合です。ありがたいことに具体的な社名まで出してくれましたが、ここでも知らぬ顔で、あくまで真に受けます。

「そうですか、東販、日販とも、ダメなんですね」と狸になって念を押しておきます。

「はい、ダメですね」と担当者氏。

「では、ちょっとほかの策がないか検討してみます。例えば著作者として私がこの本を出さない、と版権を引き揚げるとか……」

少し大げさなことを言うと、担当者はびっくりします。

「ちょ、ちょ、ちょっと待ってください。もう新聞広告も打ってありますから、そんな乱暴なことは……」

にわかに慌て始めていますが、ここはあくまでシンプルに対応します。

「いえ、お伺いした通りなのだと思います。お言葉を全面的に信用申し上げて、ちょっと考えてみるようにします。知り合いに相談しますので、少し失礼します」と、携帯電話を手にいったん席を立ちます。

部屋を出ると直ちに東販、日販の本の流れに通じた知人に電話して、実は品は確実に回収可能、押さえられることを確認します。ここで流通会社の担当者の固有名詞、電話番号まで押さえておくのがポイントです。

それから修正にかかる手間とコスト、遅れの期日も即座に荒見積もりを取ります。「おおざっぱな数字でいいから、30分くらいで電話もらえる?」と頼んで準備OK、席に戻ります。開口一番、

「おかしいですね、東販、日販とも回収可能だって言ってますけど……」と言うと、やる気のない担当者氏「えっ?」というような表情になりました。

「営業＊課のXさん、いまつながるんですが、携帯電話が090-×××-××××……」と言いながら、実際にダイヤルし始めると目線が泳ぎ中腰になりました。とはいえ担当者が自分で掘った墓穴です。

「……いまつながりそうですから、ちょっと出て話してみてもらえますか?」と、通話待ちの音がピロピロ鳴ってる携帯電話を手渡してしまえば、そもそもが嘘ハッタリなので、もうなす術はありません。

その後の、この担当者氏と流通ご担当のやり取りはちょっとしたマンガで、そのあとも、すべて普通に物事は進み、結局必要な範囲の修正も施され、本は無事に世の中に出ていきま

した。

こういうミスの収拾では、こちらからは、無理筋は一つも言わないのがポイントです。あくまで実現可能な対案を準備しつつ、相手の言ったことの中にある嘘や矛盾だけを、クリアにそのまま返すだけ。

こういう「絵図」が描けると便利です。中学の数学で習う図形問題は、実はこういうことにとても役立つのですが、多くの先生は教室であまりこういうふうには教えないと思います。こんな実例を引きながら、子供にロジックを教えるのは……ちょっと無理かもしれませんが(笑)。

何にしろ、この経験の教訓は、相手には分からないだろう、などと高をくくって安易に変なことを言う人ほど、実は容易にボロを出してくれているので、ちょっと慎重に論理を検討して矛盾を衝けば、簡単に崩れてしまうというのが1点。

振り返って自分自身のことで考えるなら、そういう不用意なことは決してせず、仮にツイッターやフェイスブックのような場であっても――いや、そういうところでこそ――値引きのない内容をしっかり記すこと。

分かることは過不足なく、また分からないことはキッパリ分からないということで、自分の話の信頼水準を作ることができると言ってもいいでしょう。

「幾何学を知らざるものはこの門をくぐるべからず」

前節触れたように、グローバルネットワーク時代の「知恵者」とは、闇雲にあれこれ断片的な知識を抱え込んでいる人ではなく、自分が何をどこまで理解しているか、どこから先は分かっていないか、きちんと知っている人だと思います。

これは、有名なソクラテスの「無知の知」に通じるところがありますね。無知の知という言葉自体は、古代ギリシャ、デルポイの神殿に掲げられていた言葉だそうで、ソクラテス自身は「私は、自分がいかに物事を知らないか、ということだけを知っている」という意味合いのことを述べているらしい。

何にしろ、何を知っており、何を知らないかという、自分自身のケジメが重要です。

このソクラテスという人は、実は自分自身で1文字も本を書き残すことがありませんでした。今日に伝わるソクラテスの哲学は、大半が、弟子のプラトンが書き残した対話篇などに記されているものです。

このプラトンという人は「アカデメイア」という教育機関を作ったことでも知られています。アカデミー、つまり大学の原点ですね。

古代ギリシャで神託が下された「デルポイの神殿」の門には「汝自身を知れ」という言葉が掲げられていたようですが、プラトンの「アカデメイア」の門には、「幾何学を知らざるものはこの門をくぐるべからず」と書いてあったと伝えられます。

これを「幾何学というお勉強を〈知っている〉人だけ、この門をくぐってよい」と読むと、ダメなんですね。大きな誤読になってしまいます。

そうじゃなくて、「自分が何か知っている、なんて物知り面の人は、ここではお呼びではないんです。与えられた条件を、一つひとつ真に受けて、きれいに整合した論理を考えることができる人だけ、アカデミーの世界に入ってきてください。そして議論しましょう」と書いてある、と読む必要がある。

グローバルネットワーク、高度に情報化された21世紀の日本社会でも、全く同じことが言えると思います。

断片的な物知りや、特に知ったかぶりして、分からないだろうと高をくくるような人間はお呼びではない。

そのつど改めて、自分は実は何も知らない、というソクラテスの前提に立って、バカ正直に見えるかもしれないけれど、一つひとつ確かなことを積み上げていく人に、時代の門戸は開放されている。

クラシック音楽の世界では、大変に物知りなファンの方が少なくありません。特に「誰の何年の演奏はどう……」といったレコードファンの知識には、まったく驚かされることが少なくありません。

が、音楽家として音楽と向き合うとき、一番大事なのは譜面、原典と向き合うことです。もちろん偉大な先達の演奏に触れて感動する経験はとても大切です。しかし、あれこれいろんな演奏を、その気もないのにリスナー的につまみ食いしても、音楽そのものが深まることは決してありません。原理原則に則して、鮮やかな、外から見た人まねではない、その人自身の新鮮な解釈を生み出すこと。それがミュージシャンに求められる大切な創造性に他なりません。同じ事が何にでも言えると思います。

とりわけ若い人たちには、わけ知り顔のロートルが経験を振り回して言うアレコレに萎縮しなくていい。

そうでなくてもうつむきがちになりやすい時代です。顔を上げ、光を見ながら、そのつど真摯にバカになって考える人にこそ運命の女神は微笑む、と腹から得心したうえで、堂々と王道を歩いてもらいたいと思うのです。

第三楽章　ヴァリエーション

——素敵なバカの五段活用

21　あえてバカになり感覚を研ぎ澄ます

さて、突然ですが、バカという言葉はいろいろな意味があるような気がするのです。例えば「空手バカ一代」なんて言うと、このバカは相当良い意味で褒めていることになりますよね。あの人はお祭りバカだから、なんていうのも、手がつけられないほど熱中していることが分かりますね。

あるいは「バカにする」なんて言い方もありますね。軽んじる、大したことないと甘く見るような。こっちはあまり良い意味ではない。

辞書で見直す「バカ」のあれこれ

ふと思いついて辞書を引くことを考えてみたら……あるんですね、ウィキペディアにもバカの項目が。ただしここでは「馬鹿」となっていましたが。

ちょっと引用してみると、

「馬鹿（ばか）とは、日本語で相手をからかったり侮蔑（その立場を低く見なす事で、相手の感情を損なう・人格の否定）するため、最も普通に使われる卑語・俗語である。公の席で使うと刺激が強過ぎることが有る」

「漢字では莫迦、馬稼、破家、跛家等と表記するが、馬鹿を含めいずれも借字である。平仮名や片仮名でばか・バカと表記する場合もある。また、インターネット上では「ヴァカ」や「$\beta\alpha\kappa\alpha$」（ギリシャ文字等の特殊な字を使う〝クサチュー語〟表記だそうです）などと表記されることもある」

などなど、21世紀の高度情報ネットワーク社会なりの「バカ」の変容があることが分かります。「クサチュー語」なるものは、初めて知りました。

もう少し用例を見てみると、とりあえず失敗した場合に罵倒する「馬鹿〜！」「バカ者が！」といった怒声以外にも、

1　愚かな行為や人物、一般常識、知識の乏しい人物
　↓　実例「馬鹿なことをした」など。

2　何かにこだわるなどして客観的で理性的な判断ができない状態
　↓　実例「親馬鹿」など。

3　ある特定分野にのみ通暁し、一般常識が欠落している人物を評する場合
↓　実例「あいつは専門馬鹿だから」など。
4　役に立たないことを指す場合
↓　実例「ネジが馬鹿になる」など。
5　並外れて凄いものを表現する接頭語
↓　実例「バカでかい」など。

なるほど、いろいろあるものですが、この中で「頭が良くなりたければ、まずバカになるといい」という意味で役に立つ「バカ」というのは、幾つか限られたケースなような気がします。

そこで、もう少し「バカ」の諸相を見通しよく、センスよく鳥瞰できないかと考えていて……思いつきました。ここではバカ正直に「センスのある考え方をすればいい」わけですよね。ということで、英語の辞書を引いてみました。

ナンセンスから考える「バカの五段活用」？

日本語でバカという言葉に捉われると、むしろ物事が見えにくくなります。ここではセン

スよく「センス」に注目してみましょう。
センス（sense）という言葉を英和辞典で引いてみると、いろいろな意味が出ていますが、大別すれば

センス1「感覚」
センス2「意識」
センス3「意味」
センス4「判断力」

という四つが出てきます。おのおの具体的に考えてみると、例えば、

センス1（感覚、の意味で）「温度センサー」など。
センス2（意識、の意味で）「ビジネスセンスが問われます」など。
センス3（意味、の意味で）「君の話はナンセンスだ！」など。
センス4（判断力、の意味で）「あなた、もう少し服のセンス、何とかならないの！」

など。

というような意味で、日本語化したカタカナ英語で私たちも使っていることが多いと気づかされます。

さて「頭が良い」というのは、知識があったり判断力が鋭かったりすることを指すわけですから「センス」があることになりますが、この「センス」を磨くうえでは、実は各々の意味で逆方向に進んでみるのが、かえって早道になるかもしれない、そういうことをここでは検討してみたいわけです。

つまり、あえてわざわざ、

ナンセンス1　あえて「無感覚」となることで、むしろ鋭敏に感知する。
ナンセンス2　あえて「非意識」的になることで、別の意識が大いに高まる。
ナンセンス3　あえて「無意味」と見えることを推進して、別の大きな意義を得る。
ナンセンス4　あえて「判断不能」の状態を保つことで、より賢明な判断に到達する。

という四つに、さきほどのウィキペディアにもありましたので、

ナンセンス5　あえて「非常識」な方法を取ることで、常識の枠を超えた仕事を達成する。

というのを加えて五つを並べて、ナンセンスから考える「バカの五段活用」として検討してみると、いままでバラバラに見てきたものが、より系統だって理解できるように思うのです。

無感覚から鋭敏な感覚を得る

ということで、さっそく「ナンセンス・バカの第一活用」から検討してみましょう。

「あえて無感覚になることで、鋭敏な感覚を得る」。これは大変に基礎的、かつ重要な話で、ひとつ具体例を挙げると「なーんだ」と誰しもが言うと思うのですが、最初はちょっとクイズとして考えてみてほしいのです。

「あえて鈍感になることで、鋭敏な感覚を得る」って、どういう具体例があるでしょうか?

……会社や学校の中で、ドン感に振る舞うことで得をすることがあったりなかったりする……というのは、まあ処世訓としてない話ではないと思います。

ここでまたしても見方をガラリと変えてみましょう。さっきからセンスとかセンサーとか言っていますから、例えば温度計などの計器を考えてみることにします。

例えば体温計。私たちの体温は35～36度から40度ほどの間で変動しています。

「体温が40度になったら大変だよ」

と思われた方がおられますか？

私たちは日常生活の中で、けっこう簡単に40度の体温になります。僕も今日、このあとそうなる予定です……風呂に入るのか、ですって？　まあ、そういう体温もありますが、例えば運動、スポーツです。

どうも熱っぽい、風邪を引いたかな、なんていうときに測る「平熱」はあくまで通常時、安静時の体温で、激しい運動をしているときは、38度、39度といった温度にすぐ上がってしまいます。

これは血圧とか心拍数も同じで、運動時は心拍も上がるし血圧も上昇します。そうやって、新鮮な酸素を含む血液をふんだんに送り出してやらないと、運動している体を養ってやれないわけですから。

さて、いま「体温」を精妙に測ろうとしたら、35度から41～42度くらいまでの温度の範囲を精密に知るのが大事だということになります。

この「体温計の常識」でいる人、例えばお母さんが「おいしい天ぷらを揚げたい」という仕事に取り組んだとしましょう……何となく話がもう見えてきましたね。

天ぷらは本当の意味で芸術です。どんな油を選ぶのか、その温度を180度にするのか、ぬるめで160度にするか、あるいは200度超級でカラリと仕上げるのか……といった

「精妙」な温度管理がモノを言います。

そう、天ぷらの温度管理はとても「繊細」で「微妙」そして「正確」です。ただしその範囲は「150度から250度」ほどの間で「精妙」なのであって、人間がちょっと油に手を入れて「油かげんを見てみましょう……」なんてわけにはいきません。

そう、天ぷらを揚げるという「デリケートな仕事」をするためには、体温計レベルでフラフラしていてはいけないんですね。同様に「温泉たまご」を茹でる、とか、お料理で考えると分かりやすいと思います。

白身だけ固まって黄身が生で残るのを「半熟」と言いますすね。でも逆に黄身だけ固まって白身は硬くなっていない「温泉たまご」も存在します。当然ながら「精妙」なコントロールの「センス」が必要ですが、それは「人肌でちょっと」とか言うわけにはいかない。

私たちの日常生活の感覚からすれば、はるかにドン感というか、まさにバカに徹して、よりハイスケールなところで正確な議論をしなければ、そんなデリケートな料理はできません。

あるいは陶工柿右衛門が見事な有田焼を焼くのでも、超高温超高圧で炭素から人工ダイヤモンドを作るのでも、人間の等身大から見ればはるかに「バカでかい」スケールで「デリケートな仕事をする」ためには、いったんお茶の間的な感覚を麻痺させて、仕事に取りかかる必要があるでしょう。

会社の決算や自治体、国などの予算、単位が百万だったり、ことによれば億だったり千億だったりすることもありますが、こうしたバカスケールの議論を正確にするのに、等身大お茶の間感覚で金銭を見積もって、デリケートな仕事ができるでしょうか？

「国の借金がついに１０００兆」なんて話が出てきます。そこは10兆円が１％で焼け石に水という世界。ここに５億や10億というのは食品添加物みたいなもので、正真正銘ｐｐｍ（１００万分の１）の単位の世界になります（１０００兆円の１００万分の１は10億円ですね）。

ここで突然、自分の家計の感覚になると、10億円どころか10万円だって大変なお金です。まあ10円くらいなら、駅で落としてもあきらめがつきますが、10万円はそうはいきません（よね？）。

マスコミの報道を見ていて、「良くないな」と思うのは、例えば国家予算規模の数字を考えるのに、家計の等身大であれこれ言って「金銭感覚が違っている」「麻痺している」などというケースです。

そうじゃない。「麻痺してる」のではなく、いま考えるべき仕事で必要な桁「オーダー」で考えなければ、精妙な仕事はできません。

おいしい温泉卵を作ろうと思ったら、料理用の適切な温度計が必要です。それを水銀体温計など使って測ろうしても、沸騰しているお湯に入れた瞬間、ガラスが割れて水銀だらけになり、食べられない代物になるのがオチかもしれません。

あえて「バカになる」は、実はあらゆるスケールで、その身の丈にあったセンサーを自分の身にまとうという意味で、とても大切な基礎でもある、と思うのです。

では、音楽で、あえて鈍感になることが役に立つとはどんなケースがあるでしょうか？日頃音楽の神経はどれだけ研ぎ澄ませても過ぎることはない、みたいなことばかり言っていますが、実は鈍感なほうが良いケースが幾つかあります。

一番判りやすいのは「演奏中にアクシデントが起きたとき」でしょう。そもそも、まずあれこれ動じない。ドンと構えるのが大事です。仮に音程やリズムを外したパートがあれば、それに引きずられないように自分の中でテンポもリズムもしっかり刻む必要があります。

指揮者の立場からすると、もしオペラの舞台などで、一人ずれた人がいたら、徹底してその人一人を立ち直らせることに集中して、他をあれこれいじらない、というのも大切なポイントです。あっちもこっちも、となると、まとまるものもまとまらなくなってしまうのが合奏というものです。ピンポイントを絞り、それ以外のものはひとまず横に置いて、重点のみしっかり手当する。そういう集中と引き替えに後手になるものがある。

物事の軽重は、メリハリがつくと結果がよい事が少なくありません。研ぎ澄まされるモノがある分、鈍磨して見える面があるのも、実はとても大切なことなのです。

22 わざと隙を作ってみる

「バカの五段活用」の続きを考えて見ましょう。「感覚・意識・意味・判断力・常識」の五つのセンス、各々「ナンセンス」にすることで、結果的に良くなることがあるかもしれない……この第二段目。「意識」です。

つまり、あえて「非意識」的になることで、別の意識が大いに高まる。なんてことが、あるのでしょうか?

個人レベルで考えれば「第一段活用」と同じ

先に、温度センサーの例を挙げて「第一段」のお話をしました。より高い温度、あるいはより幅広い範囲の温度を知るためには、より「ドン感」な尺度で「鋭敏」な温度計が必要という例を挙げたものです。

実は昨日からちょっと熱っぽく、頭痛などもしてきたので、昨日は養生していました。体温計で熱を測るわけですが、僕が使っているのは「36.1」(度)なんて数字が液晶の画面に並ぶタイプのもので、今朝は平熱に戻っていました。

ここでちょっと思いついて、冷蔵庫から氷を取り出してきて氷水にこの体温計を突っ込んでみたのです。どうなったと思われますか……「L」という文字が出てきました。

Lは「ｌｏｗ」つまり低温という意味でしょう。低すぎて測れない、つまり「想定の範囲外」と言われてしまった。これ、バカになってる、ってことですね。

これをひっくり返して考えれば、この体温計君も、氷点以下の低い温度などには「あえて無感覚」になることで、別の36～37度あたりの温度領域で、0・1度刻みの細かさで体温を測ることができるということになる。

と言うか、感覚以前に「L」と出てしまうのですから「無意識」と言ってもいいかもしれません。

「あえて低すぎる温度や高すぎる温度には無意識になることで、逆に別の……」

これじゃ、言葉の表現を変えているだけで、別の「センス」は出てきませんね。こんな具合で考えれば、バカの五段活用は本当に単にナンセンスな言い換えになってしまいます。

ここは何か、常識を外れた知恵……いや、バカな発想が有効そうです。ということで立場をいろいろ変え、主語が違う場合事に「バカの第二段変格活用」を考えてみたいと思うのです。

二人称のバカ

バカ活用の第一段は、自分自身が一部の感覚を下げることで別の感覚を上げるということを考えました。いま文法で準《なぞら》えて考えていますが、これは、まあ、言ってみれば一人称の「バカ」です。

じゃ、ここから脱線して「二人称のバカ」を考えてみると、どうか？　というのが、ここで検討してみたい「バカ」なお話です。

だいたい、バカな話というのは、瞬間芸ではあまり効力を発揮しないものです。と言うか、ただ単に一瞬、面白いか、あるいは滑って終わるか　という一発ギャグ程度のものでしかない。

ところが、バカな設定でも、一定以上そこで固執して頑張っていると、単なるバカ以上の凄みとか、真実とかが出てきますよね。ＳＦの名作を考えれば、あるいはカフカとか安部公房の文学にも似たところがあります。つまり「度を超すこと」から生まれる強みですね。

ある朝起きてみたら巨大な蟲に変身していた……（カフカ『変身』）とか、砂丘の真ん中の一軒家からどうしても脱出できない（安部公房『砂の女』）とか、いずれも「そんなバカな！」「っんなアホなこと言いなはんな！」という設定ですが、バカが嵩じてそれ以上の何かを訴えます……。

そう、この「訴える」が大事だと思うのです。自分がバカになる、だけではなく「バカだと見られる」ことの効用、ここでは言ってみれば「二人称のバカ」つまり「おまえはバカだ」と思われることの効用を考えてみたいのです。

損して得取れ——ビジネスセンスを下げて商売に勝つ

例えば商談をしているとして、あまりにも隙のない、水も漏らさないようなセールスマンと、どこか間抜けだけれど憎めないおっさんと、どっちが営業成績がいいか……と言うと……もちろん一般論ではどちらとも言えないわけです。

つまり、水も漏らさぬ優等生が必ず勝っているとは、絶対に断言できない。ここに注目する必要があります。

顧客は、賢い人ばかりを好むとは限らない。むしろ「バカだなぁ」と思いながら贔屓にするということも少なくない。

ここ十年ほど、私は大学に教籍があるのですが、大学の外では普段極力それを出さずに普通に仕事するよう心がけています。

が、大学に呼ばれる直前までは、フリーランスのミュージシャン生活でしたので、いろいろな業界の人間生態を目にし、その真ん中で生きてきました。

テレビの仕事もたくさんしました。そこで目にする芸能界の体育会的なノリというのは正直苦手でした。イジメもしばしば目にしました。

こういうフリーの生活から、いきなり大学教授業への転身でしたので、普通の就職ということをしたことがないのです。あまり豊富な実例を挙げられないのですが、それでも、世の中には「あえてバカになって見せる」式のお話は、山のようにあると思います。

でも、たとえば自虐ネタの宴会芸を見せて、笑いとお情けで得意先から仕事を分けてもらう、といったことは、正直僕は好きではありません。仕事をもらう、という立場でも嫌ですし、また発注する側としても、仕事の中身が大事であって、ドジョウ掬いや裸踊り、腹芸でごまかされたくもありません。

私に仕事の依頼で相談される中にも、ときおり、仕事の内容や諸条件が不明確なまま、腹芸式で来られる人があります。

別段堅物とかいうことではなく、こういうところで「バカ」をやるというのは、本質的には相手を「バカにしている」部分と表裏一体と思うので、この種の「二人称バカ」は、あまりお勧めできないと思うのです。

では、お勧めできる「二人称のバカ」って、どういうものなのでしょう?

二人称バカの変格活用

「二人称のバカ」が生きると掛け値なしに思うのは、人を育てる、というときだと思います。

実を言うと、僕自身が、抜けているところは徹底して抜けていますが、変に細かいところは細かいんですね。チームで仕事するとき、人に任せるということをしないで、全部細かなことまでやってしまう悪癖があります。音楽は、本当に一から十まで自分で手を動かす仕事です。

かつて日本の作曲界では、亡くなった武満徹さんを手始めにアシスタントに仕事を手伝わせる風習（というか悪癖と思いますが）がありましたが、欧州でまともな作曲家や指揮者で、自分の仕事の一部を誰かに肩代わりさせるというような例は思い浮かびません。トップを張るような人はきちんとしているのが当然です。僕も自分の本業はすべてきちっと自分で手を動かします（この本の最終校正の頃「偽ベートーベン」の騒ぎがありましたが、背景にはこうした業界の体質があるのです）。

原稿もそうです。この本も自分で手を動かして書いており、ゴーストライターなど人任せにしたことはありません。というのは、その方が早くて確実ですから。

一度だけ「語りおろし」で本を作ったこともありますが、結局音楽の専門的な細部についてはすべて手を入れ、丁寧に時間を使い自分で校正し直しました。

でも、その「語りおろし」をやって良かったな、と思うのは、僕が合計30時間くらい話した中から、自分では絶対に思いつかない構成で本を作ってもらったんですね。とても勉強になりました。

今から四半世紀ほど前、21歳のとき、武満徹さんが名義監修する音楽雑誌の編集・音楽書の執筆から、僕は仕事ベースで活字というものに触れ始めました。当時はまだ写植屋さんというものが存在し、ワープロは存在しましたが今日のパソコンの普及率には遠く及ばず、文字を一つ打つのは大変なことでした。

そこで最初の3ヵ月ほどで叩き込まれた編集の流儀、22〜23歳からは音楽の現場だけになり、本を再び書くようになるのは40歳になってからですが、基本が入っているというのはありがたいと言うか何と言うか、古臭ーい流儀も含めて、僕は編集者、特に若い編集担当にとっては、たぶんうるさく面倒くさい筆者なのだと思います。

実際、造本など細かなことまできちんとしますし、きちんとしてもらわないと困ると思ってもいます。

でも、これだといくら時間があっても足りませんよね？

毎日何時間かは譜面に向かいピアノに向かうという、本業での生活の柱があります。で、どうすることにしたかというと、任せて大丈夫そうな若い編集者を選ぶ、ということをしたわけです。

で「ここから先は僕はできないから、頼むわ」と白旗を揚げる。無力を全面的にアピールしつつ、薄目を開けて中身をチェックするというスタイルに変えるようにして、少しは時間が作れるようになりました。

逆の状態を考えれば、以前の僕の方法がよくないのは明らかです。若い編集者が頑張ろうと思っても、筆者さんの方が漬物石みたいに上から重くのしかかってきて、小姑よろしくあれこれ細部を言ってくる……これじゃ、人は育ちませんよね。

「あの人は、いいもの持ってるんだけど、ココはゴッソリ抜けてるから、私がしっかりしなくては！」

なんて自覚、つまり「意識」としてのセンスですね——ここで「バカの二人称変格活用第二段」に戻ってくるわけです！——そういうセンスを伸ばしてやる。

自分がむしろ、その意識を低めることで、相手がそこに意識を集中して成長、成果を上げることを期待する……その全体を見越しつつ「バカのふりをする」のが、とても大事と思うのです。

人材育成のキーとしての「バカの二段活用」これはさらに、育成の最たるものである「子育て」でもっと端的かもしれません。

子供から見た親の姿

小さな子供は素直に「ステキなもの」「カッコいいもの」に共鳴してくれます。またおかしいものは笑います。

子供の前でも演奏したり喋ったりする関係上、こういうことには意識的です。二枚目ふうでも三枚目ふうでも、つまりバカそうにでも利巧そうにでも、子供の注意を喚起しながら舞台を務めることになるわけです。

が、これが思春期あたりになると、いろいろ生意気になってくる。無用の反抗心なども出てくるし、またその分、一目置くというところでは大変に強い影響を受けたりもする。

子供から見た親という存在は、小さな頃の「児童」子供と、声変わりしたりし始める以降の「生徒」――「少年法」なんていう感覚での少年や少女……「少年院」にならないといいのですが――とで、大きく変化すると思うのです。

幼児から見たお父さんお母さん、特にお母さんは、いわば絶対の存在でしょう。親を相対化して見る、なんてことは幼児にできる芸当ではありません。

逆に、精神的にも社会的にも自立していくべき10代の子供にとって、親はいろいろな意味で微妙な存在になります。嵐の吹くこともあるでしょう……いや、それは必要なことなのだと思います。それもあっての人生です。

さて、では子供が一通り育って独立したとしましょう。すでに「大人」になった息子や娘から見て、両親とはどういう存在か……やはり社会で生活する個人であることに変わりはありません。

ということは必然的に、完全無欠な人間などいない。お父さんにもお母さんにも不足の部分がある。

その足りないところを、きちんと補っていく。家族として大切なことですよね。

「うちの父は○○はだめだから……」とか、「母は××が全く苦手で、私が何とかしてあげなくちゃならない」とか。

とくに介護などが始まると、こういうことは日常茶飯事になります。逆に言うなら、親があまりに偉すぎたり、完全無欠に見えすぎると、子供はどこか息苦しいし、ことによるとゆがんでしまうかもしれません。

実際、ご両親とも大変立派なお家の子で、一時期グレかけていたのを更正するお手伝いをしたことがありました。

子供にとっての親は、少しくらい抜けていた方がいいと思うのです。と言うか、逆で、親としては、ここはバカな面があるよ、と最初から小出しに見せていく方が、子供は大きく伸びるのではないか。

音楽家の両親の子で、自宅でも親がレッスンして、非常に厳しく育てたので恐ろしく能力は高かったのだけれど、すっかり「やる気」をなくして、結局音楽をやめちゃった……というケースをいくつも知っています。

「やる気」を削ぐんですね、上がバカに見えないと。逆に「よーし、俺がここはやったろう」とか「私が頑張って何とかするの！」という隙間を作っておかないと、子供も若い人も、いやパートナー同士などでもそうかもしれません。

人間、伸びていく余地がなくなって窮屈なことになってしまう。

相手がそこそこ間が抜けて見える「バカの二人称二段活用」は、人が成長していくうえで、大事な何かを示唆しているように思うのです。

これは逆を考えれば明らかでしょう。

お母さんが「お前は何から何までまったくダメなんだから！」と決めつけて、子供の力を信用せず、何でも親が先に手をつけてしまう過干渉マザーだったら、子供は伸びきったゴムのようになって、何一つ学ぼうという気力が湧かなくなって当然です。

むしろ、子供には「お母さんはダメなんだから……」くらいに思わせておいて、上手にやる気、主体性を伸ばしてやるのが、親としては正解なのではないかと思うのです。

お父さん、あるいは先生などというのも同様です。もちろん、キメるところではピシッとしたほうがよい。でも、四六時中デキてしまうと、却って子供や生徒は毒気を抜かれて、伸びないことが少なくありません。

そこそこ指導者が抜けたフリをすることで、勝手に子供達が伸びて行く、そういう面がとても大切だと思っています。

23 「実るほど頭を垂れる稲穂かな」を肝に銘じる

「バカの第三段活用」こんどは「感覚・意識・意味・判断力・常識」の「意味」をキーワードに三人称の「バカ」を考えてみたいと思います。どんな「有意義なバカ」が、新しい可能性を生み出すのでしょうか……？

人をバカにすると人からバカにされる

三人称のバカ、を考えるうえで、一度視点を変えてみましょう。

いま、悪い意味で「人をバカにする」ということをしたとしましょう。見え見えの薄っぺらい発言で「バーカ」とか、誰かを誹謗中傷したとします。

そういう言動を取るとき、人は賢く見えるでしょうか……逆だと思うんですね。

「実るほど、頭を垂れる稲穂かな」という言葉があります。人は中身が充実すればするほど、謙虚になって、傲慢な言動などはしなくなる、という意味ですが、こうした傾向は20～21世紀に入ってより著しくなったと思うのです。

この背景にはメディアの変化を挙げねばなりません。

いま「一人称」「二人称」という流れで「三人称」を考えるとき、新たなる「変格活用」で導入して考えたいのが「メディア」というわけです。

「キミとボクとがここでやり取りしている」というリアルな時間や空間ではない、メディアを媒介としての情報のやりとり。とりわけ「マスメディア」を通じて流布する情報は、一度流れたら回収は不可能、まさに「覆水盆に返らず」を地で行きます。

インターネット上で発信した情報は、二度と回収することはできない……なんて書くと、大げさに見えるかもしれません。

しかし、私たちが例えばツイッターとかフェイスブックに書き込む小さなコメント……この一つひとつが、実は不特定多数の情報社会に対する「発信」であって、原理的には決して「回収」することのできない情報発信に他なりません。この事実、よくよく考え直してよいように思うのです。

ネットワークでつながった、その先にいる無数のユーザーたちというのは、いわば「絶対的な第三人称」とでも言いたくなるような「彼ら・彼女ら」の集団です。なぜって、それは「私」でもなければ「私たち」でもないし、「あなた」「君」「おまえ」と名指して特定することが、原理的にも実効的にも不可能であるから。

この「ネットワーク」も含め、広く社会への情報発信で「バカ」になる利点を考えてみたいと思うわけです。こう考えれば「一段活用」「二段活用」と明らかに違った、意味のある考察が可能になりますね。

「コードレス発信」にご注意

不特定多数への公衆情報発信で、一番気をつけねばならないのは、誰が見ているか分からない、という基本的な事実です。

どういう人がどういうつもりで見ているか、読んでいるか分からない。そういう無定形の相手に対して、ものを言っていかねばなりません。

これは逆を考えれば分かりやすいでしょう。例えばお父さんがお母さんに、「あれがアレだからナニしといてくれる、あ？」とか言ったとしましょう。

この場合、アレとかナニという言葉で、「車のガソリンが減ってるから給油しといてくれる？」という意味にもなり得るし、「庭の雑草が伸びてるから草抜きしといてくれる？」とか、「この頃子供の成績が振るわないから、それなりにお小言しといてくれる？」とか、どのような意味でも、阿吽《あうん》の呼吸で通じさせることができるわけですね。

親しい間柄であれば、「あれ」とか「ナニ」に意味が込められていて、それを送信側も受信側も共有・理解している。こういう約束事を「コード」と呼びます。スパイの「007」みたいな名前を「コードネーム」と言いますよね?

あれと同じです。

で、問題は、例えばテレビ放送や新聞など、不特定多数の公衆に対する情報発信では、前提とできる「コード」が一定以上、限られている、ということです。

「アレがあれだから……」では通じません。意味が「一意」に通じるよう、誤解を避ける工夫が必須不可欠です。というのも、目配せ的な含意、共通の意味を保証する細かな「コード」が存在していないわけですから。

つまり、ちょっと茶化して言うなら「コードレス情報発信」という側面がある。発信側は絶対的・圧倒的に受信側のことを知らない、だから目配せで話をするような流儀では、絶対に公衆情報発信はできない、という基礎的な事実に、常に立ち返るべきだと思うのです。

受け手の情報に圧倒的に無知な送り手

例えばテレビで考えましょう。放送局は数が限られていますし、一つの電波では1回に一つの番組を流しますので、まあ高が知れた数の番組を発信していると言っていいでしょう。

これに対して、この番組を見る側の人はどうか……何千万人という人が、ありとあらゆる形でこの番組を見ている可能性がある。

キッチンで見る主婦、中華料理店のテレビで見るお客さん、同じ番組を料理しながら見るコックさん、最近は車載のテレビやワンセグも普通のことになりました。どんな人がどのような状況で視聴しているか分からない。

食事中の人もいるでしょう。病気の人もいるに違いない。幸せの絶頂という人もいれば、人生の試練に直面しているという人も絶対いるはずです……。

要するに、キリがない。間違いなく言えることは、放送局やタレントの側では、「視聴者の顔なるものは絶対的に見えない」部分がある。このことを、仕事で放送に一定の責任を持った経験がある人はみんな知っています。

活字も同様で、本はまだ買う人しか買いませんが、新聞や雑誌はありとあらゆる人がありとあらゆる環境で読む可能性がある。それを前提に一文字一文字、表現を考えねばなりません。

小利口なメディア表現は必ず墓穴を掘る

こうした問題で、一番典型的なのは「差別語」のケースでしょう。

差別表現というのは、その言葉を使った人が差別の意思があるか、ないかによらず——そんなことはそもそも分からない場合が大半でもあり――その表現で差別されたと感じる人が出てきたときに発生する問題です。

具体的に文字に残っている、あるいは番組の画像や音声など、ドキュメントが動かぬ証拠として出てくるので、先ほどの「コード」が問題になります。

しばしば出てくる例で、子供向けのテレビアニメ「巨人の星」で出てきた言葉狩りを挙げてみます。主人公の星飛雄馬の父親は肉体労働に従事していますが、それに関連して、本放送の時代には引っかからなかった放送コードによる新たな修正で、

「父ちゃんは、日本一のPEEEEE」

と、肉体労働者を表す言葉に重ねて電子音がかぶせられ、

「PEEEEEだいっ！」

といった具合に「言葉狩り」がされた、というのは、知る人は知る比較的有名な話でしょう。でもどうなんでしょう？　こういう表面的な細工というか、はっきり言えば姑息な修正、私は「小賢しい」と思ってしまうのです。

長く、音楽番組が中心でしたが、テレビ放送の仕事に関わり、40歳を過ぎてからはコメンテーターなどもしているので、自分の中には一定の蓄積とスイッチがあり「テレビしゃべり」モードになると、問題表現や放送事故に繋がるような言葉はしゃべらないようになっています。

このスイッチはまたやや細かくて、民放では大丈夫だけどＮＨＫはダメとか、より細かなケジメがついています。

もちろんＮＨＫで大丈夫な話なら民放でも大丈夫ではあるのですが、そんな堅い話、民放では誰も見たい、聴きたいとは思いません。

くだけた座なら艶笑風の小話もします。同じことをＮＨＫではしゃべりませんし、仮に大学の教室でやったら、足を引っ張ってやろうという人に格好の口実を与えますので、そういうことはしません（笑）。

と、自分自身そんなふうにこまめにスイッチをチェンジしながらも、思うのです。本当に真情があれば、もっとバカ正直に語ってもいいのではないか、と。

「巧言令色、すくなし仁」などとも言います。小手先で小器用、小利口に振る舞って意味を糊塗するよりも、バカ正直に信念を持って真情を伝える方が、人間の叡智として深いものがあると思うのです。

24　小賢しく知ったかぶりをしない

「バカの五段活用」、「感覚・意識・意味・判断力・常識」がキーワードの変格活用第四段は「判断力」ということで、判断力が鈍磨しているように見えて、実はより高次の判断力が働く例がないか、考えてみたいと思います。

第二段「意識」の話で「若い人を育てる」というベテラン側の立場から人事の例を書きました。これを逆に考えてみましょう。つまり、例えば就職活動をしている若い人の立場に立って「判断力」を考えてみたいのです。

最初にハッキリ書いてしまえば、変に小賢しくなって、大損をしている人も、実はいるのではないだろうか、と思うのです。

すぐ「転身」したがる東大OB

浮世の縁で偶然呼ばれ、籍を置くことになった東京大学にもかれこれ13年。最初に教えた学部学生はすでに30代半ば、初期の院生はすでに40の立派な大人で、あちこちで准教授などの職に就いています。

そうやって、大学を巣立っていった人たちをそこそこの数――3000〜4000人くらいでしょうか――見て思うのは、

「あまり物見高いのは良くないのではないか?」

ということです。例えば就職活動を考えてみましょう。

「金融もいいけど、メーカーも手堅い、でもマスコミも魅力的だよなぁ……」

なんていう「贅沢な悩み」を吐露する学生を、以前も今も目にします。これはバブル期と就職氷河期と言われるような時代で、意味は全く違うと思いますが、でも共通することは「業種」の選択は、えてして就職が決まる直前まで持ち越される、ということでしょう。

3歩下がって考えてみれば、「メーカー」に行くのと「マスコミ」に行くのとでは、ほとんど全く別の人生がそのあとに続くことになります。

ある知り合いは、新卒で大手メーカーに就職したものの、1年未満で退職してマスコミに転じました。そのあと20年ほどマスコミの方にずっといますが、この「転身」本人にとっては納得のいくものだったようです。

逆のケースも知っています。ある学生は新卒でやはり別の大手メーカーに就職しましたが、すぐに辞めてしまい、次に司法試験を受けようとしました。が、しばらく経ってから再会してみると今度は医学部を目指して再受験しているという。

20代も後半になって、まだそうやって勉強できるのは、親御さんがしっかりしておられるからで、ある意味羨ましいことでもあります。

でも同時に、いつまでもそうやってピーターパンみたいな夢を追いかけても、実際の地に足の着いた生活がないと、確かなものはいつまで経っても生まれないのではないか？

というのが、こういうケースを見ていつも思うことです。

自分の低い了見を知れ

そもそも思うのですが、学生の了見では世の中の仕事の大半はきちんと見ることができないでしょう。

金融だメーカーだマスコミだ、あるいはＩＴだニュービジネスだと「職業選択の自由」を謳歌するのも構わないと思うけれど、何であれ、一つのことを始めたのなら、それをスタートする時点ではまだ何もないという、自分の身の程を知るべきです。

また、スタート以前に物見高く考えているうちは、出発点にすら立っていないという己の現実を思い知るべきだと思うのです。

実際に中に入ってみるまでは、自分は何かその世界で判断する能力を一切持っていない。序の口以前の存在に過ぎないのだ、という徹底した無力の自覚。

そこから営々と積み重ねる努力があって、石の上にも三年。何とか分別の真似事ができるようになる……というのが、人間社会というものでしょう。

「バカになったと思って、まず3年は与えられた仕事をきちんとこなしてみろよ」というのが、私がこういうケースに対して思うことです。

ところがそういうこらえ性のない若い人を、結構な数、見る気がするのです。ある仕事を始めて、最初の2〜3年なんて、一通りの仕事の全貌も分からないし、自分に向いているかどうか、なんてことも、そもそも自分の了見で判断できると思う方がおこがましいと思うのです。

まずはバカになったと思ってやってみる。当然うまくいかないこともある。悔しい思いをすることもあるでしょう。で、そこで逃げる癖をつけてしまうと、人生その先なかなかしんどいことになると思うのです。

歯を食いしばることもあるだろう。泣きの涙という日もあるかもしれない。でも、そういう経験の先に得た信頼とか、成功とか、そういう手応えというのは、決してお金で買うことのできない、自分自身の一生の宝物になるはずの経験です。

それが見えるようになってからの了見は、それ以前より少し高いところに昇るもの。逆に言えば、それ以前の自分の了見など、実に低いものに過ぎない、と明確に言うこともできるはずです。

そう、未経験で未熟なうちの自分は、自分自身の将来に十分な責任を持った判断など下すことはできないのが普通です。

石の上の三年が教えるもの

この話、でも実はある意味では、僕はすることができない面もあるかと思っています。と言うのは、僕の場合、子供の頃から自分は音楽家になる、と決めていたので、就職しようとしたことがないし、どういう仕事に就こうか、と迷ったりした経験がないのです。だから、一生の仕事は最初からこれ、と決めていて、早くからそれ中心に全生活をコントロールしていたので、目移りした記憶が全くありません。

でも、だからこそ、逆に言えることもあると思うのです。石の上に三年、と思って、己の低い了見での、短兵急な判断を「留保」する大切さです。

自分は大学教授になるなんて、かけらほども考えたことがありませんでした。ところが30代前半で突然呼ばれることになりました。

学生時代の途中からミュージシャンの生活になりましたので、「給料」をもらって生活するなんて考えたことがなかった。30過ぎまで「ボーナス」という概念と無縁な人生を送ってきたので、これは今でも習い性となっています。

でも、一度着任すれば大学教授業も、これはこれで責任のある仕事です。

僕は音楽の教授職ですから、本業は本業ですが、でも大学にはいろいろその他のこともあります。例えば入試だとか、各種業務であるとか。そういうもの、30歳を過ぎて初めて知ったものでも、バカになったつもりで最初は見よう見真似でやってみると、そのうち分かることが増えますよね？

大学の雑務で最初の7年ほど、徹底してやってみたのは「アカデミックディプロマット」学術外交官業でした。

音楽の仕事で、下手は下手なりながら、アレコレ物怖じせず（間違った）外国語を喋りますので（ですから僕のは「外国誤」なのですが）、みんなが嫌がるような国際会議出張などに率先して参加し、7年の最後の方では東京大学の代表としてキーノートを喋る、といったことを、40そこそこの年齢でしたが経験することができました。

こういう「習うより慣れろ」は、実は経験がありました。僕は25歳で「出光音楽賞」というものをもらって、この世界で飯が食えるようになりましたが、最初から売れる仕事ばかりする、ということはしませんでした。１９９０年前後、当時はバブルまっさかりで、マネジメントはいろいろと単価の良い仕事も持ってきてくれました。

が、音楽家の多い家でしたので「そういう〈美味しい仕事〉はそこそこにして、20代のうちは騙されたと思って下積みをするべき。この時期に学んだ事は一生モノだから」と真摯なアドヴァイスをしてくれる親族が多く、結局そのようにしました。

新日本フィルハーモニー交響楽団のオーケストラ内鍵盤奏者をスタートに、東京フィルハーモニー交響楽団の指揮研究員、オペラの伴奏助手、副指揮者などあらゆる現場の下積みをこの時期に経験したことで、30を過ぎて大学に研究室を持って以降、殆どすべてのことを自分自身が指示して細かに進められるようになった経緯があります。

あれから四半世紀、辺りを見回すと国際的に考えても、確かにそういう人が残っています。歴史を振り返っても、例えば指揮者のヘルベルト・フォン・カラヤンは生前「楽壇の帝王」などとも呼ばれましたが、工科大学の化学科を中退してオペラハウスの副指揮者となり、それこそありとあらゆる雑用を20代後半までずっと続けた人でした。

彼の場合、ナチス党との関係で30代以降名をなすあたりが僕個人としては微妙ですが、何にしろ本当に全部、基礎から積み上げられる「若い頃の苦労は買ってでもしろ」で成功した典型なのは間違いありません。

逆に、ポッと出で分からないまま、御神輿の上で空気が読めない人が数年で消えて行くのは、どこの世界でも変わりません。

慣れない仕事をするときには、まずよく周りに注意して、それを観察することだと思います。この際、自分は分かっていない、低い了見なんだ、という謙虚な自覚が重要です。ここで逆に、変に小賢しく考えて、自分が「判断力」を持っているかのような錯覚に陥ると、何も学ぶことができない。まずは謙虚に。何より謙虚に。

そうやって見ていると、だんだん、自分も分からなかったけれど、周りも全然分かっていない、という点が見えてきます。

短兵急な「判断」をいったん留保、つまり保留にすることで、より高度な判断力を発揮する人から、様々なものを盗むことができる、学ぶことができる。人生というのは短いようで長い。長いようで短い。性急になりそうなときは、むしろ落ち着くことで賢明な判断を下すことができることがあるし、のんびりしたところで、クイックに頭を働かせることで、より賢い判断を下すことができることもある。

そういう緩急のつけ方や逆転も、とても大事だと思うのです。

25 壁にぶつかったら「常識の逆を行く」

バカの五段活用も最終段「感覚・意識・意味・判断力・常識」の常識の逆をいくというところまでやってきました。ここから入って、以前の「頭が良くなりたければ、まずバカになってみる」話題とつなげてみたいと思います。上手く円環が閉じると良いのですが。

「非常識なことをしてみせる」ではない

今日でもそこそこ頻繁に「逆転の発想」とか「常識を超える」みたいな話を、ビジネスマン向けの書籍のタイトルで目にするのですが、どうなのかなぁ……と思ってしまうのが僕の正直なところです。

例えばフェイスブックが当たった。で、ザッカーバーグ君の発想は「常識を超えていた」とか何とか、そういう後知恵で言っても、何も面白いことはないと思うんですね、正直。二匹目のドジョウがいるわけでもないし。

何か、常識を超えると言うと奇抜なことをしてみせるとか、「個性的」な振る舞いをするとか、ファッションが変だとか、そういうイメージがありますが、この手のものはあまり「頭が良い」方向に展開はしないように思うのです。

いや、そうでない場合もあるかもしれない。奇抜なファッションで人を驚かせながら、実は大変巧妙なことをする、アタマの良い人もいるに違いない。

でもね、そういうのって読者の皆さんに直接役に立たないと思うのです。明日から会社に全身ピンクの服装で通おう、とか実践しようとしても、まあ、「あの人もついに……」とか思われるのがオチかもしれません。ちなみに、大学の中というのは面白いところで、時折この種の奇矯なファッションで闊歩する「有名教授」なども目にしますが（苦笑）。

そんなことではない、もっと当たり前に見える「常識」の壁が、実は私たちの身の回りには、それこそ山のようにある。だからこそ「常識」になるわけですが、その山や壁をどう捉え、どう超えるかがポイントだと思うのです。

『バカの壁』から考えてみた

しばらく前になりますが、解剖学者の養老孟司先生の語り下ろしによる新潮新書『バカの壁』が爆発的なヒットを飛ばし、新たな新書ブームに火をつけたことがありました。

養老先生の文脈での「バカ」が何か、という問題、深いところは同書に譲るとしましょう。

同書のポイントは、自分が「コレだ」と思い込んでいる、別の前提で人と人が話しても、話は全くかみ合わない。そこに「バカの壁」ができてしまう、という部分にありました。

そう、この「自分が前提として、疑うことすらしない」という前提、つまり「常識」を疑うことで、自分のそれまでの限界、いわばカラを破ることができると思うわけです。

このとき、ただ壊すだけで何かが生まれると思うなら、ちょっと安直かもしれません。そうではない、ある常識を壊すというのは、別の常識を導入するということでもあり得ると思うのです。

それをこの『バカの壁』という本のヒットそのものから考えてみます。

1990年代まで「新書」という本のジャンルは、各々そこそこ深い内容を専門家が一般向けに平易に書き下ろした解説書であることが圧倒的に多かった。それが良心的な新書だとみなが思っていました。

代表格は「岩波新書」、これに対抗するように「中公新書」「講談社現代新書」などが大学教授や医師、現場の知恵を持つ優れた書き手などによる、彫琢の深い名著を出し続けてきた。

ところが2003年に新潮新書から出された『バカの壁』は、著者こそ東京大学名誉教授の解剖学者である養老さんですが、そもそもが「語り下ろし」のテープ起こしから作られた本ですし、養老さんの専門である解剖学の話ではなく、いわば四方山話のエッセーみたいな内容で、およそ従来の「新書」イメージとは異なるものでした。

これが……受けた。というか売れた。これだけで400万部だそうです。新潮社は養老さんに足を向けて寝ることはできないですね。

「フォーカス」のピントがボケて……

なぜ『バカの壁』があれほどに受けたのか、については、いろんな解釈やら解説やらもあったと思いますので、ここではこの本に限らず「新・新書ブーム」と呼ばれたもの全体をちょっと振り返ってみたいと思います。

『バカの壁』は2003年4月のヒットで、新たに創刊された新潮新書10冊の中で大化けした商品だったわけですが、この陰には写真週刊誌の休刊がある、と出版廊下で漏れ聞くうわさ話として耳にしています。

かつて「フォーカス」という写真週刊誌がありました。「写真」を目玉に押し出した「写真週刊誌」というジャーナリズムそのものの草分けと言うべき存在で、一時期には芸能人の不倫現場を写真で押さえること自体を「フォーカスする」なんて言ったりしたものですが、この頃は完全に死語になっていると思います。

創刊は1981年。当時高校2年生だった僕は、新鮮な驚きを持って読み（見）ましたから、初期の記事をよく覚えています。一種のパパラッチ雑誌として一世を風靡した。

ロッキード裁判の田中角栄被告の「激写」が載ったりしましたが、17〜18歳だった僕が一番強烈に覚えているのは、この頃から流行り始めた「なぞの業病」の写真でした。AIDSに罹患した患者の「カポジ肉腫」とか「カリニ肺炎」とか、聞いたことのない病名とともに、見るからに恐ろしげな、死相の浮かんだ外国の病人の顔がバンバン写っていました。

ハイティーンの僕らとしては、こと性に関することですから、いろいろ思うわけですよね。ともかくフォーカスには様々に影響されました。

一時は毎週200万部を超える勢いだったと言いますが、末期には読者に飽きられてしまい部数は低迷、ついに2001年秋に休刊となってしまいました。

創刊から20年、高校生だった僕は芸能界やら何やらとの縁もあった20年をフォーカスとともに過ごし、休刊時点で大学に着任、音楽の教授職になっていました。

しかし雑誌は休刊になってもスタッフは食べていかねばなりません。特にフォーカスは、刺激的な写真とともに、簡潔な文体で通勤途上のサラリーマンを中心に、読者に「読ませる」記事を書き下ろす、てだれのスタッフライターをたくさん抱えていた。

そういう人たちに仕事を作るべく考えられた中に……新書があったらしい、と聞いたのは、2005年から2006年にかけて商業原稿を依頼されるようになった頃でした。

ここでも時代に遅れてきた書き手としての僕が、担当してもらった新書編集者たちから

「あれは実は……」と聞いた話ですから、真偽のほどはよく分かりません。

ターゲットに合ったメディアを考える

2001年とか2003年と言えば「IT革命」なる言葉がまだ取り沙汰されている頃で、ネットの普及によって新聞雑誌テレビなど既存メディアが急速に売り上げを落としていた時期でした。

雑誌を売り出しても買ってもらえない。新聞の情報もネットで間に合ってしまう……困った……。

でも通勤途上のサラリーマンが、満員電車の中で退屈していることには変わりはないだろう。今まではその退屈を「フォーカス」が埋めていた部分があったわけだけれど……。

では「IT革命直後」の満員電車で、どういう読み物メディアを準備すれば、フォーカスの手だれたスタッフライターたちが力を振るって、売れる読み物が作れるだろうか……。

そんな議論が行われたのか、行われなかったのかは、よく知りません。

が、とにもかくにも2001年10月のフォーカス休刊から1年半を経て、そうしたスタッフライターも加わって、有名人の「語り下ろし」原稿を「読ませる読み物」にブラッシュアップし直して、満員電車の中でもポケットから取り出して読めるメディアとして選ばれたのが「新書」だった、という説があります。

実際、僕はこれに遅れること2年、2005年から商業出版に関わる話をもらうようになり、翌2006年に開高健賞をもらってからコンスタントに本を出すようになりましたが、当初はおかしいほど新書が続きました。そういう企画ばかり、持ち込まれて来、けっして僕の本業の本、落ち着いたクラシックの内容などでは、書籍の企画会議に通らなかった。

朝日新書で出した團藤重光先生との『反骨のコツ』に始まって『バカと東大は使いよう』『日本にノーベル賞が来る理由』、洋泉社新書『ニッポンの岐路・裁判員制度』と本業と関係のない本ばかりが続きました。

音楽で新書が出せたのは『指揮者の仕事術』（光文社新書、2010）そして『人生が深まるクラシック音楽入門』（幻冬舎新書、2011）以降のことです。

メディアはさらに変化する

2004〜2005年あたりは「新書ブームだ！」というので、様々な「新型新書」が発刊され、いくつかヒット書籍も出ました。

が、いかにも、なモノが売れるケースもありましたが、意外なものの部数が出るケースも少なくなく、何にしても僕の本などは大して売れず、その割には、まあ似たようなものを書く人がいないからか、ソコソコなりにはコンスタントに発注を頂いて、今も本を出し続けています。

こと通勤通学途上の「暇つぶし」市場、隙間ビジネスということで考えれば、携帯電話、スマートフォン、ＷｉＦｉなど移動体通信手段の変化で、すでに10年前の『バカの壁』期とは似ても似つかぬ状況になっていると思います。

ここで新たなヒット商品を考えよう……なんていうとき、「新しい、売れる新書は何か？」なんて考え方をしても、ダメなんですね、たぶん。また、闇雲に「常識を超える！」なんて言っていても仕方ないですよね。

ということから「ある畑の常識を、別の畑に当てはめてみる」という、一つのゴールデンルールが見えてくると思うのです。

ところ変わって品替えろ！

写真週刊誌というメディアそのものが時代のニーズとずれてきてしまった。でも、読者をうならせるスタッフライターという基幹競争力は自分たちの手の内にある。では、どうやって彼らの力を発揮させて、マーケットを動かすことができるか……。

雑誌で生きる、と思われていたライターの力を、そうではなく「書籍」で生かそう……その器として適当なものは……そうだ、ハンディで薄型の新書でいってみよう、という戦略が整えられたのだと思います。

もちろん1990年代以前にも、読み物の新書はありました。光文社のカッパブックス、祥伝社のノンブックスなど、ミラクルヒットも数あった。そうしたあれこれも踏まえつつ「えいやっ」と出された新潮新書、その最初の打ち上げ花火として成功したのが養老先生の『バカの壁』だったわけです。

これに似たような状況を音楽で考えると、あまり明るい話は正直出てきません。新書というより、新書ブームのきっかけを作った「雑誌の凋落」に近いことのほうが多いのです。

インターネットの普及で紙の情報媒体に流通の変化が起きた。同様に、ネットもそうですが、iPodなどパーソナル・デジタル・メディアの普及で、レコード・CDというものがビジネスの中心から去ってしまいました。

ポップスでも、例えばメジャーなミュージシャンは「ツアーは観客サービスのつもりで赤字でも良い、その分お皿（CD）を売れば良い」という時代が長く続きました。こうした内容は細川周平さんを始めきちんとした音楽学者が考えておられると思うので、いい加減な話はたいがいにしておきますが、いずれにしても、いまCDとかDVDなどのディスク、「レコード商品」のたぐいは、ビジネスとして音楽業界を支える体力をすでに失っています。

先に触れたオーストリアの指揮者ヘルベルト・フォン・カラヤンが楽壇の「帝王」と呼ば

れた一因には、録音録画など「コンテンツビジネス」で世界的に成功を収めた背景がありました。20世紀だったから出来た話です。欧州にカラヤンあれば、アメリカにはバーンスタインあり。米国の作曲家＝指揮者レナード・バーンスタインもまた20世紀のメディアとともに生きたミュージシャンだったと思います。

僕はバーンスタインが人生最後に開いたサマースクール、札幌でのＰＭＦ（パシフィック・ミュージック・フェスティヴァル）で、ごく短期間、彼の教えを受ける機会がありましたが、このときもテレビカメラは入っていて、記録番組がＬＤとして発売されたりもしています。

いま、こういう観点でものを考えると、音楽は経済面からは長期の地盤沈下を続けている最中と言えるでしょう。でもこれは、次の勝機を見つけたとき、一番にそこに駆け込むことで、大きな展開がある「待ちの時代」とも言えます。その意味では、みんなが暗い事ばかり言っている中で、「むしろ今がチャンス」なんて、非常識な事を言い、考え、実際にやってみるのもまた、チャレンジではないかと思うのです。僕自身で言えば「東京アートオペラ」の取り組みはまさにそのあたりでトライしているものに他なりません。

何か今回は仕事の舞台裏をお見せするような内容になってしまいました。が、「常識を裏切る」というのは「非常識」ではなく「逆常識」あるいは「別常識」の大胆なジャンプだと思うのです。

第四楽章　フィナーレ
——可愛い子には〈修羅場〉を見せろ！

26 指揮の骨法「受け身の極意」

２０１１年2月、突然、風雲急を告げた中東情勢に関連してチュニジアそしてエジプトの動乱とソーシャルメディアの話題が入りました。いまだ予断を許さない状況が続く中、この原稿を書いています。

実はこのタイミングで久しぶりに書き下ろしの新刊書と、これとタイアップするCDを出しました。光文社新書『指揮者の仕事術』とCD『コギト・エルゴ・オーディオ　われ聴く、ゆえにわれあり』（コジマ録音）です。

40歳を過ぎ、開高健賞を貰ってから本を出せるようになりましたが、実は音楽の本をきちんと出せたのは46歳で出すこの本が最初なのです。個人的なことですが46歳は父の享年でもあって、ちょっと感慨無量でもあります。

本の方には演奏の音声動画をYｏｕＴｕｂｅにアップロードして、リンクをつけておきました。原価をかけずにマルチメディア・ブックにしてみたわけです。例えばこんな風に（http://www.youtube.com/watch?v=2v9ST350kKw）サワリの部分を見ていただき、興味をお持ちいただけた方には、マスタリングなど手間隙かけたCDで、きちんとした全曲演奏をお楽しみいただける、そういういう仕組みになっています。

そういうメディア・ミックスから音楽の仕事を考えてゆくこと。かつてカラヤンやバーンスタインもやった、こういう工夫が出来るのは、いまの我々に与えられた特権と思うことにして、あれこれ面倒なことも喜んで手をつけるようにしています。それをバカと呼んで頂けるようなら、とても嬉しいですね。

ちなみにこのCDのラテン語タイトル「コギト・エルゴ・オーディオ Cogito Ergo Audio」はデカルトの言葉「コギト・エルゴ・スム　われ思う、ゆえにわれあり」のもじりですが、日本語では反対の意味の言葉「われ聴く、ゆえにわれあり」と、逆の内容二つを日本語ラテン語で組にしてタイトルにしています。

Cogito Ergo Audio　をそのまま訳せば「われ思う、ゆえにわれ聴く」となるのですが、ひとつは口調の問題、それから、合わせ鏡みたいな二つの矛盾を並べるというのが、僕の好きな天の邪鬼のパターンで、こんな風にしてみました。

「カッコイイ」で経営ができるか

以前よく（日経新聞など含めて）功成り名を遂げられた財界人や政治家の方が「一生のうち1回でもしてみたい事」として「オーケストラの指揮者」と述べているのを目にしました。

「ステージの上で前に立った姿がカッコイイ」とか「思いのままにオーケストラを動かしている」とか。まあ、コレくらい手ひどい誤解もないと思いますので、ここから話を始めましょう。

もしここで「指揮者」を「経営者」あるいは「社長」さんと読み替えるなら？　そうすれば、この誤解がどれくらい手ひどいか、分かると思います。

「社員の前に立って朝、訓示を述べるのがカッコイイ」と思って若者が代表取締役になりたい、と言ったら、分別ある大人はなんと思うでしょうか。「バカを言うのもいい加減にしろ！」と一喝されるのがオチかもしれません。リスナーの方々が「指揮者がカッコイイ」と思ってくださるのはありがたいことですが、「カッコイイから指揮者をやってみたい」というのは「カッコよさそうだから会社の経営権を下さいな」というのと同じくらい、本当の現実とかけ離れた話です。指揮者の仕事の大半は、本番以前のリハーサルやその準備、さらには楽員・ソリストの人事、さらには財務などまで、普通の意味での経営手腕がモロに問われる分野にあります。

「指揮者はイイなぁ、思うようにオーケストラが動かせて……」なんて人がいたら、「社長はイイよなぁ、思うように会社が動かせて……」という日本語がナニを意味するか、考えていただければ、実態が良く分かると思います。

やや古い表現ですが「ワンマン社長」という言葉がありますね。ワンマンの社長が特筆されるということは、逆に言えば、大半の社長さんは思うに任せぬ会社経営に悪戦苦闘せざるを得ない、という、ごくごく当たり前の常識も示しています。創業者やその一族ならいざ知らず（というより最近はそれでも難しいようですが）、普通は自分が作ったわけでもない会社で、さまざまな「越し方」があり、社内にもありとあらゆる微妙なことがあって「やりたいこと」が出来る社長さん」なんて、本当に限られた人しかいない。

大企業では会社組織そのものの大きさがマイナスとなってフットワークのよいビジネス展開がしにくい。そこでかつて通産省（ないし現在の経産省）も音頭をとって「ベンチャー企業支援」をしたわけです。大企業のトップが決して好き勝手に組織を動かせるわけではない。ではベンチャーなら可能か、と言えば、ミッションは明確ですが、それこそ財務から商品開発、場合によっては基礎研究から、どぶ板的な営業まで、ありとあらゆる雑務を抱え込まざるを得ず「思うように会社を動かせる」なんていうのとは、ちょっと違う現実に直面せざるを得ない。

多くの方が音楽とか芸術をごらんになる際には、現実社会のさまざまな面倒とは無関係な、異世界の夢を見ていただくよう、私たちはベストを尽くします。しかし組織運営とか人材育成といった点から考えると、指揮者の仕事術には、たんに「現実世界と無関係」な「夢の舞台」で「カッコイイ」などとケムリにまくだけでは余りにもったいない、生きた知恵がたくさんあるのです。「カッコイイ」で指揮台、つまりオーケストラの決裁権を持つ指令台には立つことなどできません。

実は受け身の指令塔

例えば先ほどの「指揮者はオーケストラを自由自在に動かせていいなぁ」というのは「社長になりさえすれば社内を好きなように動かせる」と思い込むのと同じくらい、現実とかけ離れた話だ、とご説明しました。

でもこれは、ちょっと考えれば自明の理屈です。というのも、実は指揮者は一つとして音を出していませんよね。

ほかのプレーヤーは全員、なんらかの楽器を持って演奏をしています。しかし指揮者が持っているのは、せいぜいのところが棒1本。その棒すら持っていない人も多い。指揮者は自ら音を出すことのない音楽家です。そしてそういう存在は、実は世界的にも歴史的にも、極めて珍しい存在なんですね。

現場のほかの音楽家は全員、何らかの音を出して演奏しますが「指揮者」は何一つ音を出しません……いや、実際には変なうなり声やらうるさい鼻息やら、各種ノイズを立ててしまう人もいます。でもこれ、例えばヨーロッパの石造りの教会などで演奏すると、楽器の音よりも巨大なハナイキが客席全体に響き渡ってしまい、欧州では口や鼻から出る雑音は下品とされますので、次の仕事がなかなか来なくなってしまったりするんですね。まあこれは余談ですが。

指揮者は実は何一つ、音を出すことはない。ということは、逆に言えば、現場で響くすべての音は、実は指揮者以外の人が出しているわけです。指揮者は、出てくる音にあーだこーだと注文はつけられますが、実際には一つの音も出すことがない、つまり徹底して「受け身」の存在だ、ということになるわけです。

指揮者がナニを言っても、奏者が納得しなければ、決して思うような演奏にはなりません。指揮者自身は何一つ音を出すことはなく、実際には受け身で指示を出さざるを得ないのですから。ということで、少しでも気の利いた棒振り（指揮者のことですよ！）であれば、頭ごなしに「大きく、小さく」というようなことは決して言いません。数少ない言葉と指示で、プレーヤーがしっかりと目的を理解し自発的なやる気をもって取り組めるよう、的確にリードしてゆく、それが指揮者の仕事の決定的なポイントなのです。

そして、たとえばこの点から組織運営を考えると、企業や製造現場での、ものごとの動かし方が違って見えてくるように思うのです。

「指揮者経営」のススメ

先ほどの「指揮者」の部分を「経営者」とか「上司」に入れ替えてみましょう。

「経営者がナニを言っても、現場が納得しなければ、決して思うような仕事にはなりません。経営者自身は何一つ手を動かすことがなく、実際には受け身で指示を出さざるを得ないのですから。ということで、少しでも気の利いた経営者であれば、頭ごなしに営業成績というようなことは決して言いません。数少ない言葉と指示で、現場がしっかりと目的を理解し自発的なやる気をもって取り組めるよう、的確にリードしてゆく、それが経営者の仕事の決定的なポイントなのです……」

なんて書いてみると、ちょっと見方として面白くありませんか。実はこんな具合で、一般企業の現場で役立つ知恵が、音楽演奏現場での、指揮者の仕事には山のように詰まっているのです。そういう具体的な内容、本にも書いていますが、よりビジネス現場に近い形で、もう少しご紹介してみようかと思っています。

ここでは新しい話ではなく、いまの例と同じ繰り返しですが、もう一つだけ違う形で「変奏」してみたいとおもいます。

「上司がナニを言っても、部下が納得しなければ、決して思うような業務にはなりません。上司自身は直接手出しすることなく、実際には部下の仕事に受け身で指示を出さざるを得ません。気の利いた上司なら頭ごなしに〈あれをしろ〉〈これをしろ〉〈ダメだ〉というようなことを言わないでしょう。数少ない言葉と指示で、部下自身がしっかりと目的を理解し自発的なやる気をもって取り組めるよう、的確にリードしてゆく、これこそ管理職業務の決定的なポイントです……」

「創造的な職場環境！」とか「部下のやる気を引き出すコツ」みたいな話は、あちこちで読むわけですが、西欧古典音楽の職人仕事の中には、３００年来鍛えられてきた、こうした知恵がてんこ盛り入っています。

「指揮者的な経営」は荒波をかいくぐって行くのにとても有効な気がします。また僕自身も「指揮者的な経営」を参考に音楽の活動全体の作戦を考えることが出来ると、最近気がつきました。そんな天の邪鬼から出発して、本当に具体的なプロジェクトを始めてしまうので、バカじゃないか、と言われるのではありますが（苦笑）。

27 「修羅場経験」が指揮者を育てる

組織を動かすマネージャー、経営者の知恵に通じるヒントがいろいろ詰まっている、オーケストラやオペラなど音楽の現場での指揮者の仕事。幸い新刊の『指揮者の仕事術』ならびにタイアップCD『コギト・エルゴ・オーディオ　われ聴くゆえにわれあり』も好調で、心から感謝しています。もちろん音楽の世界は現実社会とやや様子が違いますが、その分長い歴史に鍛えられて、純度の高い形で組織運営や人材育成の骨格が見えるところがあります。

ここでは「指揮者の育て方」を考えてみましょう。一般の社会では「経営者育成」「マネージャー人材の伸ばし方」のヒントになるかもしれません。

エリートコースは秀才の墓場

で、いきなり結論からで恐縮ですが、指揮者の育て方に特別なコースがあるわけではないのです。でもこれが一番重要なところだと思うので、最初に記したいと思います。いろいろな音楽大学に「指揮科」という学科がありますが、今、世の中で活躍している指揮者で「指揮科出身」の人は多くて半分程度、実は「専門学科」とされるところで学ぶことは、この仕事に関して、確実な役には立たないのです。

これは「経営者」と考えれば分かりやすいでしょう。「何々大学経済学部経営学科」とか「商学部経営コース」などを修了していることが、企業経営に必要でしょうか。あるいは、そのコースで学んでいれば、企業経営は準備万端ＯＫと言えるか？

まあ、そんなことでＯＫな経営など、現実社会であるわけがないわけで、逆に言えば「将来を約束されたキャリア」とか「特権的なエリートコース」なぞというものが、ろくな代物でないことが、こんなところからも明らかに分かると思います。

「楽壇の帝王」ヘルベルト・フォン・カラヤン、対抗馬のレナード・バーンスタイン、もっとさかのぼれば近代指揮者の鼻祖アルトゥール・トスカニーニ、あるいはヴィルヘルム・フルトヴェングラー、いま挙げた4人の大指揮者の誰一人として大学の「指揮科」は出ていません。と言う以前に、音楽大学すら出ていません。

トスカニーニは地元パルマ（パルメザン・チーズの故郷です！）の音楽院で作曲とチェロを学びました。フルトヴェングラーは大学教授の息子として生まれ家庭教育で学んだ大教養人でしたが父の急死で20歳そこそこから現場に入った人、カラヤンは先にも触れた通り化学工学中退で叩き上げ、バーンスタインも短期間カーチス音楽学校に在籍しただけで基本はハーヴァードで法学を学んだ人……。

誰一人、まとまったカリキュラムで指揮を学んだ人などいません。というより経営と同様で「これだけ修めておけば指揮ができる」というようなカリキュラムなど、存在するわけがありません。

歴史上の巨匠のみならず、現在世界で活躍している人たちを見回しても、小澤征爾さんのように創設されたばかりの桐朋学園で指揮科第1期生として学ばれ、大野和士さんも東京芸術大学指揮科のご出身ですが、恩師ピエール・ブーレーズは作曲家からの叩き上げ、ダニエル・バーレンボイムはピアニスト、韓国の若き巨匠チョン・ミュンフンはチャイコフスキーコンクール第2位のピアニストでオペラの副指揮者からの叩き上げ。

久々のドイツ人期待の星クリスチャン・ティーレマンはオペラの練習ピアニスト出身、音楽院ではヴィオラ科に属し、カラヤン・アカデミー生としてベルリン・フィルのヴィオラ・エキストラで学びながら、ベルリン・ドイツ・オペラで伴奏ピアノを弾いてキャリアをスタートさせた叩き上げの人材。

しばらく前に亡くなったイタリアの指揮者ジュゼッペ・シノーポリは医学部出身で精神科医でもある作曲家でした。

どうでしょう？　指揮という仕事はさまざまな人材が活躍することに大きな特徴があるのが分かります。もっといえば、それが魅力になっているのかもしれません。こうやって一見すると殆ど共通項など無いように見えます。

でも、一つだけ共通点があるのです。それは「叩き上げ」という部分です。私自身、親戚に音楽家の多い家に生まれ、学校は一般大学、個人レッスンとコンクール、そして現場での叩き上げでやってきましたので、ここは経験に即して断言できます。

この「現場叩き上げ」というのが、唯一最大の「指揮者人材の育成法」なのです。学校で指揮科を出ていようが何かを出ていようが、極論すれば精神科医でも何でもいい、音楽に適性のある人が必要な「叩き上げ」経験を経て、仕事が出来るようになるというのが「指揮者育成」の唯一の王道に他なりません。

コンサートマスターの育て方

指揮者を育てる話題に触れるときは、セットにして「コンサートマスター」の育成という話もしています。

「コンサートマスター」とは聞き慣れない言葉かもしれません。コンサートは演奏会、マスターは職人ないし職人頭＝マイスター、つまり「親方」ということで、演奏会全体を引っ張る親分、という名前の仕事が、オーケストラの中に、指揮者と別に存在しています。

実際には、ファーストヴァイオリンの一番前に座っている人が「コンサートマスター」で、オーケストラの演奏面でのすべては、実はこの「コンサートマスター」が管理しています。

これは、こういう表現をすれば分かりやすいでしょうか。指揮者というのは、実はお客さんなんですね、オーケストラにとって。オケの団員でもないし、本番中楽器を演奏するわけでもない。この「棒振り」とは別に「音を出すいつものオーケストラ・メンバー側」で、演奏の要となるべき人が必要なわけです。これが「コンサートマスター」です。

ハッキリ書きますが、指揮者なんていなくても多くの作品を楽団は演奏出来ます。指揮者は一つも音を出しません。

ドラマやバラエティでタレントが指揮台に立ってコンダクターの真似をしても、なんとか演奏が演奏になるのはコンサートマスターがシッカリしているからで、ここだけの話ですが、楽員諸氏は努めてタレントを見ないようにし、コンサートマスターのヴァイオリンの弓の先などに注意しています。

逆に、コンサートマスターがおかしいと、オケは完全に瓦解します。

さて、このコンサートマスターですが、どうやって育成するかというと、実はこれも経験なのです。学校に専門のコースなどありません。指揮者などより遥かに重要なオケのキモですが、多くのコンサートマスターは音楽院（というか幼時からの個人レッスン）でヴァイオリンを学んだ人々で、世界中のどこにも「大学院コンサートマスター専攻」など存在しません。

この「コンサートマスター人材」は、常にニーズがありますから、いつでも若い人を育てようという人材育成圧力がオーケストラの中にあります。実は音楽学校のヴァイオリン科の教授は、多くがコンサートマスター経験者ということもあり、あらゆるオーケストラ合奏のたびごとに、性格的に「コンマス」（と呼ばれます）に向きそうな子に、実際にその仕事をさせてみるわけですね。

最初は小さな合奏から。で、現実にやってみると、向いている子もいれば、期待したけれどそうでもない、という子もいる。そうでもない、という子はコンマスを薦めません。というのは、合奏の要ですから、もしトチッたりすると、ほかのセクションに迷惑もかかりますので。

また、適性のある若いヴァイオリニストであっても、コンサートマスターの仕事は無限の奥行きがありますので、たいがいさまざまな失敗、それも手ひどい失敗経験を積み重ねてゆきます。こうして、より重要な本番のコンサートマスターを任せられるようになってゆく。

職業的にコンマスになるには、オーケストラのオーディションを受けます。大半のケースで、全正規楽員のチェック・投票などを通じて「コンサートマスター採用オーディション」が行われ、合格となったら「試用期間」で使ってもらい始める。ここでもまた、比較的軽い本番から始めて、より重要なものへと進んでゆく。つまり「コンサートマスター修行」を通じて「コンサートマスターになってゆく」んですね。

また、先ほど記しませんでしたが「コンサートマスター」から指揮者に転じて行く人も少なくありません。僕が多く影響を受けた巨匠ではシャルル・ミュンシュ、ユージン・オーマンディ、日本では渡邊暁雄といった方々、現在でも活躍している人ではフィンランドの指揮者ユッカ・ペッカ・サラステなどが「ヴァイオリニスト・コンサートマスター」出身の指揮者です。私の指揮の生徒の中にもヴァイオリン科に在籍している子がいます。彼を見ていると、コンサートマスターなど演奏経験と指揮の経験とをサンドイッチ状にして、実力が伸びて行くのがよくわかります。

修羅場経験が指揮者を磨く

これと全く同じことが指揮者にも言えます。若い指揮者の卵は、上の人間が見て適性がありそう、という段階で、オペラやオーケストラの中でさまざまな「副指揮者」つまりアシスタントとして使ってもらうわけです。ここで様々な成功や失敗、つまり修羅場経験を積み重ねながら、現実の仕事を学んでゆきます。適性のある人は先が続きますし、あまり適性がないと、そのあとに続きません。小さな仕事から始めて、少しずつ経験を重ねる中で、適性のある人が見いだされて、より大きなチャンスを与えられる、あるいはコンクールその他でキャリアを作って、自分の音楽家人生を前に進めて行く。こんな具合で指揮者は育ってゆくのです。

今回もまた、ここでこの「指揮者」を「管理職」あるいは「経営者」に置き換えてみることにしましょう。

若い管理職の卵は、上の人間が見て適性がありそう、という段階で、業務やプロジェクトの中で「サブ・マネージャー」つまりアシスタントとして使ってもらうわけです。ここで様々な成功や失敗、つまり修羅場経験を積み重ねながら、現実の仕事を学んでゆきます。適性のある人は先が続きますし、あまり適性がないと、そのあとが続きません。小さな仕事から始めて、少しずつ経験を重ねる中で、適性のある人が見いだされて、より大きなチャンスを与えられる、あるいはＭＢＡ取得その他のキャリアも作って、自分のライフプランを前に進めて行く。こんな具合で育ってゆくのです。

当たり前といえば当たり前の話ですが、実はなかなか当たり前でもない、いくつか痛いところがあるように思います。終身雇用前提の日本の人事システムでは、勤続年数と昇給と業務の指揮系統が良くも悪しくも一体化していた時期が長かった。公務員などその最たるものでしょう。となると、本人に適性があろうと無かろうと、ある時期までは自動的にキャリアが進み、職人タイプで管理職にまったく向かない人も管理業務をせざるを得ず、逆に職人仕事がお留守になって、組織も個人もハッピーでない、なんてことが、実際珍しくないことになる。

あるいは、派閥とか人脈とか、能力以外のさまざまな要素でも、綱の引っ張り合いやら駆け引きやら、いろんなことがあるのが、人間社会の常なわけで、社内では、あるいは役所の中では、そんなにクリアに物事が進むわけでもない。

「しかし」、あえて「しかし」と言いましょう。さきほどのコンサートマスターの例が端的ですが、あまりヘボなコンマスを置いておくと、合奏全体が容易に瓦解してどうしようもないことになるのが、オケの全員に分かっているので、まだ人事の自浄作用が効くわけですね。むしろ問題かもしれないと思うのは、適性面からも能力面からも、あきらかにおかしいという人がヘッドとして舵取りをすることになっても――どこかの国の内閣とか閣僚とか言うつもりは、あまりありませんが――それで本丸が瓦解しそうであっても、ひとまず自分に累が及ばなければOKね、といった具合で、人事や組織が空文化してしまえば、物事は動かなくなるほうが当たり前であって、「指揮者人材育成法」がそのまま一般社会、企業や役場などに適用できるわけでは全くない、これは最初にも記した通りと思うのです。

全体像を共通把握する「知識の構造化・可視化」

逆にいえば、どうしてこの違いが出るのか？　というのが、なかなか面白いと思うのです。オーケストラという世界も、決してきれいごとだけで動いているわけではない。さまざまな現実世界の問題がある、ヒトの世の常で避けることはできません。

それでも、オーケストラでコンサートマスターや指揮者の人事、ないし人材育成で自浄作用が働くのは「キーマンのトチリが直接自分に影響があり」なおかつ「演奏結果という全体像が全員に明確に見え」「その中での自分の役割や責任も明確であること」が、とても大きいと思うのです。

中規模以上の組織になってしまえば、経営トップの判断は（リストラなどの「判断」は別として）最前線業務の細部と直結することは少ないでしょう。また日本では一般に、下僚が上司にあれこれ注文をつけるということは、欧米全般の標準と比べた場合、まれなケースであるのも事実と思います。

しかし、仕事をするプロセスや結果の業績がメンバー全員に基本的に共有され、自分の役割や功績が認められ、あるいはフェアなマネージャー業務の可否がいわば可視化された状態であれば、企業や自治体、その他の組織機構でも、形はやや違っても、オーケストラと同様に「組織が動く自浄作用」が働き、伝統を誇るオペラ劇場が優秀な副指揮者たちを育てるように、優れたサブ・マネージャーたちを輩出し、切磋琢磨、修羅場経験の中から、ベストアクターが育ってゆく期待が、よりできると思うのです。

確かに「修羅場経験」は必要不可欠です。艱難辛苦、人を珠にする。しかし、ただ単に闇雲な経験主義に陥っても、救いようがなくなってしまいます。そこで、修羅場や失敗経験も含めた情報の共有化、整理された言い方をすれば「知識の構造化とその可視化」がモノを言うことになると思うのです。言ってみれば「可愛い子には旅をさせろ」の現代版で、子供が可愛いと思うなら早くから修羅場を見せておけ、ということになるでしょう。

「修羅場経験の構造化とその可視化」、またとりわけ「失敗経験をキャリア上生かせる人事」などのシステム。「指揮者の人材育成」という切り口から考え直して、逆に組織の本質に触れる部分が見えてくるような気もします。

あとがき

誰でも自分にあったペースがあるものです。僕の場合、2〜3時間集中して一つの仕事に取り組むと段々効率が下がって来ます。そこで中だるみする前に、自分として出来るだけベストのコンディションで、集中して取り組むようにしています。疲れたなと思ったらサッと区切る。いっときにあまり深追いしないのが重要です。僕の仕事はすべて結果が一番大切で、汗をかいた事で何か錯覚するような事態は避けた方がいい。自分なりの長年の生活作法です。

作曲と演奏、音楽の二つの仕事をしていますが、正直この二つに、2時間程度おきに交替で取り組んでいるとき、一番結果が良い。不思議なものです。このためピアノの横に二つ、小さな机を置いて、おのおの別の仕事を広げたままにしてある事が少なくありません。昔、20〜30代始めまで幾つかの作曲コンクールで賞を貰った頃も、例外なくオペラだテレビ番組だと演奏で忙しい中で、寸暇を惜しんで書いた音楽が評価されたものでした。

逆に、比較的若い年齢で大学に呼ばれたのですが、同時に作曲も演奏も仕事の依頼が激減して、しばらくはどうにも調子が良くありませんでした。長年思うのは音楽を呼吸して生きているんですね。つまり吸い込む音楽があり（演奏のための譜読みなど）、吐く息の音楽（自分が作曲するもの）がある。吸い込まないと窒息するし、吐き出さなくても息苦しい。

スケジュールが混んでない時は、1日2コマ以上同じ仕事をしないのも長く続けるコツです。つまり朝は作曲し、昼に譜読みをしたら、その日はそれ以上変に頑張っても、あまり良い結果にはならない。自分という動物、あるいは道具の性質や特徴を知った上で、気長にコレと付き合って仕事するのも大事と思います。

この本は、こうした「1日に1コマずつ」の仕事の合間に、長年書いてきたコラム原稿が元になっています。「日本ビジネスプレス」と「日経ビジネス・オンライン」毎週二つの連載を、やはり「週に1コマずつ」どこかここかの時間を使って書いて来ました。そうして溜まったコラムから晶文社の安藤聡さんが30ほどを選ばれ、この本の最初のアウトラインが作られました。そこに手を入れ、結果的に多くを加筆し直して、いまお手に取って頂いているバージョンになったものです。

音楽家の日常生活は元来とても地味です。習うより慣れろ式の練習も多い。でも、もちろん指が回らない状態では困りますが、指が回っているだけでは表現としてはゼロ地点です。そこから何をどう作り上げて行くか。良い目標を立て、上手い攻略法を工夫して芸術という山に登って行く、そういう多くのケースに触れました。でも実は小さな子供にも判るし、社会の一線にも広く通じ、いくつになっても一生変わらない基本が少なくありません

面白いもので、元は自分で書いた断片でも、編集者の手を経ることで僕自身が再発見する

点もたくさんありました。加筆の多くはそんな経緯で記したものです。この場をお借りして、連載を含め一緒に考えて下さったすべての関係者の皆さんに、心からお礼を申し上げます。

2014年2月27日

伊東乾

著者について

伊東 乾（いとう・けん）

1965年東京都生まれ。作曲家＝指揮者。ベルリン・ラオムムジーク・コレギウム芸術監督。東京大学大学院情報学環・作曲＝指揮・情報詩学研究室准教授。東京大学理学部物理学科卒業。同大学院理学系研究科修士課程、同大学院総合文化研究科博士課程修了。第1回出光音楽賞ほか受賞。作品に『コスモストロフ』、M・デュシャンとJ・ケージによる能オペラ『かん／たん』ほか。松平頼則『モノオペラ・源氏物語』、J・ケージ『オーシャン』等を初演。著書『さよなら、サイレント・ネイビー』（集英社）で第4回開高健ノンフィクション賞受賞。他の著書に『笑う脳の秘密』（祥伝社）、『日本にノーベル賞が来る理由』（朝日新書）、『指揮者の仕事術』（光文社新書）、『人生が深まるクラシック入門』（幻冬舎新書）、『なぜ猫は鏡を見ないか？』（NHKブックス）、CD『コギト・エルゴ・オーディオ 我聴く、ゆえに我在り』（ALM Records）など多数。

犀の教室
Liberal Arts Lab

しなやかに心《こころ》をつよくする音楽家《おんがくか》の27の方法《ほうほう》

2014年5月20日　初版

著　者　　伊東 乾

発行者　　株式会社晶文社
　　　　　東京都千代田区神田神保町1-11
電　話　　03-3518-4940（代表）・4942（編集）
URL　　http://www.shobunsha.co.jp

印　刷　　中央精版印刷株式会社

製　本　　株式会社宮田製本所

ISBN978-4-7949-6815-9 Printed in Japan